Christian Hunewald

Supply Chain Event Mana

WIRTSCHAFTSINFORMATIK

Christian Hunewald

Supply Chain
Event Management

Anforderungen und Potentiale
am Beispiel der Automobilindustrie

Mit einem Geleitwort von Karsten Ötschmann

Deutscher Universitäts-Verlag

Bibliografische Information Der Deutschen Bibliothek
Die Deutsche Bibliothek verzeichnet diese Publikation in der Deutschen Nationalbibliografie;
detaillierte bibliografische Daten sind im Internet über <http://dnb.ddb.de> abrufbar.

1. Auflage Juni 2005

Alle Rechte vorbehalten
© Deutscher Universitäts-Verlag/GWV Fachverlage GmbH, Wiesbaden 2005

Lektorat: Ute Wrasmann / Anita Wilke

Der Deutsche Universitäts-Verlag ist ein Unternehmen von Springer Science+Business Media.
www.duv.de

Umschlaggestaltung: Regine Zimmer, Dipl.-Designerin, Frankfurt/Main

Gedruckt auf säurefreiem und chlorfrei gebleichtem Papier

ISBN-13:978-3-8244-2194-7   e-ISBN-13:978-3-322-81251-3
DOI: 10.1007/978-3-322-81251-3

Geleitwort

Seit 3 Jahren ist ein verstärktes Interesse an einem interessanten Teilgebiet des Supply Chain Managements festzustellen, dem

„Supply Chain Event Management".

Dieses Teilgebiet beschäftigt sich insbesondere mit der Optimierung der Kommunikationsflüsse entlang der Supply Chain, der Nachverfolgbarkeit von Warenbewegungen und Services sowie der Möglichkeit auf bestimmte Ereignistypen frühzeitig und interaktiv reagieren zu können. Supply Chain Event Management (SCEM) soll Antworten auf folgende Fragen geben:

- Welcher Mitarbeiter, Partner oder Kunde soll welche Informationen zu welchem Zeitpunkt erhalten?
- Wie kann der einzelne Mitarbeiter in seinen operativen Aufgaben besser unterstützt und Fire-Fighting Einsätze deutlich reduziert werden?
- Wie können Unternehmen in der Supply Chain frühzeitig über unerwartete Ereignisse informiert und somit Fire-Fighting Einsätze verhindert werden?
- Wie kann die Einhaltung der aufgestellten Plandaten sichergestellt werden?
- Wie kann die Liefertermintreue gesteigert werden?
- Wie können Kosten, die aus Defiziten in der Supply Chain resultieren, wie z.B. Sondertransportkosten, Konventionalstrafen für Verzögerungen oder Qualitätsmängel oder erhöhte Personalaufwände durch SCEM reduziert werden?

Das Konzept des SCEM gibt Antworten auf diese Fragen und verhindert als Steuerungsinstrument in der Supply Chain negative Auswirkungen unerwarteter Ereignisse häufig schon im Vorfeld. Renommierte Research-Unternehmen, wie z.B. AMR oder Gartner prognostizieren großes Potential im SCEM und erwarten hohe Wachstumsraten in den kommenden Jahren. Aktuell wird SCEM vor allem im Zusammenhang mit der Radio Frequency Identification (RFID)-Technologie diskutiert. Da der Nutzen des Event Managements insbesondere von der Aktualität und Korrektheit der Rückmeldungen zu bestimmten Meilensteinen/Events abhängt, kommt der RFID-Technologie in der Funktion des Echtzeit-Datenlieferanten für das SCEM eine wesentliche Rolle zu.

Dieses Buch führt den Leser in einer klaren und wissenschaftlich fundierten Art und Weise an die Prinzipien und Funktionen des Event Managements heran. Es definiert die Rolle des SCEM innerhalb des Supply Chain Management, gibt dem Leser eine Methode zur Einführung des SCEM in der Praxis an die Hand und arbeitet entscheidende Nutzenpotentiale („Benefits") heraus. Darüber hinaus werden am Beispiel des mySAP Event Managers 4.0 die Funktionalitäten einer SCEM-Standardsoftware erläutert. Das Buch schließt ferner eine Einführung in die derzeit intensiv diskutierte RFID-Technologie, deren Einordnung und Nutzen für das SCEM mit ein.

Dem Autor ist ein Buch gelungen, das sich durch eine klare Sprache und Struktur auszeichnet. Es verbindet eindrucksvoll die theoretischen Konzepte des SCEM mit den Erfordernissen der Praxis und zeigt dadurch den Weg für den erfolgreichen Einsatz des SCEM innerhalb des Supply Chain Management auf. Das Buch kann für wissenschaftlich interessierte Leser wie auch erfahrene Praktiker aus der Industrie gleichermaßen empfohlen werden. Die Preisverleihung durch die Karin-Islinger-Stiftung in Mannheim, die diese Diplomarbeit erfahren hat, kommt nicht von ungefähr. Dem Autor kann zu dieser hervorragenden Diplomarbeit nur gratuliert werden.

Karsten Ötschmann
j&m Management Consulting AG

Vorwort

Das Supply Chain Event Management (SCEM) ist ein neues und interessantes Konzept zur Koordination und Steuerung der Informationsflüsse in einer Supply Chain und ist Bestandteil der Managementphilosophie Supply Chain Management (SCM). Die Ziele des Buches sind die Entwicklung einer sinnvollen Integration des SCEM in das SCM, die Herausarbeitung der Funktionsweise, wie das SCEM den Umgang mit Informationen entlang der Supply Chain gestaltet, und die Untersuchung der besonderen Anforderungen, Potentiale und Nutzen des SCEM am Beispiel eines Automobilzulieferers.

Dazu wird nach einer Einführung in das Themengebiet die konzeptionelle Grundlage des SCEM aufgezeigt, das *Tracking&Tracing* als Datenlieferant für das SCEM dargelegt und das SCEM selbst mit seiner Architektur, Datenquellen und softwaretechnischen Umsetzung (*mySAP Event Manager 4.0*) der Kernfunktionen erläutert. Bei der Beschreibung der Datenquellen wird insbesondere auf die Identifikationstechnologie *Radio Frequency Identification* (RFID) eingegangen. Die Grundlage ist geschaffen, um dann in den weiteren Ausführungen auf den Einsatz des SCEM in einem Modellunternehmen der Automobilzuliefererindustrie einzugehen. Es beginnt mit einer Einführung in die Automobilbranche, ihrer aktuellen Situation und der veränderten Hersteller-Zulieferer-Beziehung. Das *Just-in-Time* Konzept wird in diesem Zusammenhang vorgestellt. Ausgehend davon wird ein branchenunabhängiges Konzept zur Einführung des SCEM in einer Supply Chain entwickelt und am Beispiel eines Automobilzulieferers angewendet. Abschließend wird der Nutzen des SCEM im Anwendungsfall erläutert, bevor dann in der Schlussbetrachtung die gewonnenen Kenntnisse einer kritischen Würdigung unterzogen werden und ein Ausblick für die zukünftige Entwicklung des SCEM gegeben wird.

Ich möchte mich besonders bei Herrn Prof. Dr. Schader (Universität Mannheim) und Herrn Dipl.-Ök. Karsten Ötschmann (j&m Management Consulting AG) bedanken, die mir das Schreiben der Diplomarbeit über SCEM ermöglicht und inhaltlich begleitet haben. Herrn Dipl.-Wirtsch.-Inf. Ralf Gitzel danke ich für die sehr gute Unterstützung und das optimale Maß an wissenschaftlicher Freiheit während des Verfassens der Arbeit.

Christian Hunewald

Inhaltsverzeichnis

Abbildungsverzeichnis

Tabellenverzeichnis

Abkürzungsverzeichnis

AI	Application Interface
APS	Advanced Planning System
CSCM	Collaborative Supply Chain Management
DW	Datawarehouse
EPM	Event-Portfolio-Matrix
FAB	Feinabruf
GPS	Global Positioning System
JiS	Just-in-Sequence
JiT	Just-in-Time
KPI	Key Performance Indicator
KPM	Kaufteile-Portfolio-Matrix
LAB	Lieferabruf
LLZ	Lieferanten-Logistik-Zentrum
LP	Lean-Production
MbE	Management by Exception
M	Meilenstein
MIT	Massachusetts Institute of Technology
OCR	Optical Character Recognition
PAB	Produktionssynchroner Abruf
RF	Radio Frequency
RFID	Radio Frequency Identification
SBE	strategische Beschaffungseinheiten
SCE	Supply Chain Execution
SCEM	Supply Chain Event Management
SCM	Supply Chain Management
SCP	Supply Chain Planning
T&T	Tracking&Tracing
VDA	Verband der Automobilindustrie

1 Einleitung

1.1 Motivation

Viele Unternehmen, unabhängig von ihrer Branche, stehen vor einem Paradoxon: „Inmitten der Informationsflut herrscht Informationsmangel" (Heinisch 2002, S. 340). Auf die Mitarbeiter der Unternehmen kommen täglich Massen von Information zu. Eine Studie der Berkeley Universität unterstreicht diese Aussage und kommt zu dem Ergebnis, dass Speichermedien verschiedener Art im Jahr 2002 weltweit fünf Exabyte an neuen Informationen produziert haben. Das entspricht dem Volumen an Printmedien einer halben Million neuer Bibliotheken in der Größenordnung der *Library of Congress* von Amerika. Zudem sind 18 Exabyte neuer Informationen im Jahr 2002 über elektronische Kanäle wie Telefon, Radio, Fernsehen und Internet geflossen (Lyman und Varian 2003).

Gleichzeitig nimmt jedoch der einzelne Mitarbeiter paradoxerweise einen Informationsmangel wahr. Ihm fehlt die Fähigkeit, die vorhandenen Instrumente zur Verarbeitung der Informationen einzusetzen. Es werden „immer mehr Informationen von immer mehr Menschen produziert [..], die dafür immer weniger qualifiziert sind" (Königer und Reithmayer 1998, S. 42). Der Mensch erfährt einen Informationsmangel, wenn er aufgrund seiner begrenzten Verarbeitungskapazität nicht mehr in der Lage ist, die auf ihn zuströmenden Daten und Signale in Informationen zu verarbeiten und zu objektiv rationalen Entscheidungen zu gelangen. Jacoby bezeichnet diesen Zustand als *information overload*. Er hat experimentell herausgefunden, dass „eine Erhöhung des Angebots an Information ab einem bestimmten Umfang zu einer Verschlechterung der Wahrnehmung über das Objekt führt, das durch die Information beschrieben wird" (Heinrich und Roithmayr 1998, S. 271). Der bestimmte Umfang leitet sich aus der begrenzten Informationsverarbeitungskapazität des Menschen ab.

Unternehmen betrachten daher Information zunehmend als kritischen Erfolgsfaktor (Fank 1996). Information ist definiert als „handlungsbestimmendes Wissen über vergangene, gegenwärtige und zukünftige Zustände der Wirklichkeit und Vorgänge in der Wirklichkeit" (Heinrich und Roithmayr 1998, S. 263). Demnach ist Information zweckorientiertes Wissen und dient der Erfüllung zukünftiger und gegenwärtiger Aufgaben (Heinrich und Roithmayr 1998, S. 263).

Auch in der Managementphilosophie *Supply Chain Management* (SCM) ist der reibungslose Informationsfluss „einer der zentralen Bestandteile des Konzepts und eine Grundvoraussetzung für dessen praktische Umsetzung" (Bretzke, Stölzle u.a. 2002, S. 1). Nach Kilger und Stadtler (2002) hat SCM die Aufgabe "of integrating organizational units along a supply chain and coordinating material, information and financial flows in order to fulfil (ultimate) customer demands with the aim of improving competitiveness of a supply chain as a whole" (Kilger und Stadtler 2002, S. 9). Eine Supply Chain besteht demnach aus unterschiedlichen Organisationseinheiten, deren Aktivitäten auf die Erfüllung der Bedürfnisse des Endkunden ausgerichtet sind und dabei ein gemeinsames Ziel verfolgen: Verbesserung der Wettbewerbsfähigkeit der Supply Chain in ihrer Gesamtheit. Es existieren zwei weit verbreitete Meinungen, wie die Wettbewerbsfähigkeit verbessert werden kann: auf der einen Seite die engere Integration der eingebundenen Organisationen und auf der anderen Seite die bessere Koordination der Material-, Informations- und Finanzflüsse (Lee und Ng 1998).

1.2 Zielsetzung

Die vorliegende Analyse konzentriert sich auf die Gestaltung und Koordination der Informationsflüsse in einer Supply Chain. Eine Supply Chain besteht aus mehreren Organisationen, die durch einen gemeinsamen, übergeordneten und auf die Bedürfnisse des Kunden ausgerichteten Wertschöpfungsprozess miteinander verbunden sind. Die erfolgreiche Durchführung des Wertschöpfungsprozesses erfordert einen optimierten Informationsaustausch zwischen den beteiligten Organisationen (Beckmann 2004, S. 2f). Die Ausführungen in den folgenden Kapiteln stellen ein neues Konzept vor, das den Informationsaustausch in einem integrierten SCM Konzept optimal gestaltet: das *Supply Chain Event Management* (SCEM).

Die Ausarbeitung hat drei übergeordnete Ziele. Erstens soll eine sinnvolle Integration des SCEM in das SCM erarbeitet werden. Zweitens soll aufgezeigt werden, wie Unternehmen mittels SCEM die Informationsflut in einer Supply Chain beherrschen und den Informationsfluss optimieren können. Drittens schließlich werden die besonderen Anforderungen, Potentiale und Nutzen des SCEM Konzeptes am Beispiel eines Automobilzulieferers untersucht. Dazu wird ein für die Branche typischer Prozess mit dem *mySAP Event Manager 4.0* modelliert und implementiert. Die vom Softwarehaus *SAP* standardmäßig ausgelieferten Funktionalitäten werden erweitert.

2 Unternehmen im Wandel

Die Unternehmen haben seit den 80er Jahren vermehrt den Schwerpunkt der Organisationsgestaltung von der Aufbauorganisation hin zur Ablauforganisation verlagert. Nicht mehr die Gestaltung einzelner Unternehmensfunktionen wie Vertrieb, Beschaffung, Produktion sind elementarer Bestandteil der Optimierungen, sondern die Abläufe, die zwischen diesen Funktionen stattfinden (Becker und Kugeler 2000). Es wurde erkannt, dass eine Fokussierung auf die Prozesse des Unternehmens notwendig ist, um das Unternehmen „in seiner Gesamtheit zu stärken und vorhandene Schnittstellen abzubauen" (Becker und Kugeler, S. 3). Hammer und Champy definieren einen Unternehmensprozess „als Bündel von Aktivitäten, für das ein oder mehrere unterschiedliche Inputs benötigt werden und das für den Kunden ein Ergebnis von Wert erzeugt" (Hammer und Champy 1996, S. 52). Eine Aktivität „ist ein Arbeitsschritt, der zur Erbringung einer Leistung durchgeführt werden muss" (Becker und Kugeler 2000, S.4). Beispiele für Unternehmensprozesse sind eine Kundenbestellung, ein Transport oder die Herstellung eines Produktes. Die Prozessorientierung ist ein wesentlicher Bestandteil des SCM. Kilger und Stadtler (2002) verwenden den Begriff *flows*, Ayers zieht den Begriff *processes* (Ayers 2001, S. 7) zur Definition des SCM heran.

Neben der Veränderung der Organisationsgestaltung hat sich die strategische Ausrichtung der Unternehmen in den letzten Jahren gewandelt: „Over the past two decades, the strategic focus of supply chain management has shifted from an adversarial mindset to a collaborative mindset" (Bowersox, Closs, und Stank 2003, S. 18). Es stehen vermehrt nicht mehr einzelne Unternehmen in Konkurrenz, sondern es treten vielmehr eine Folge von miteinander verknüpften Unternehmen, den Supply Chains (Bretzke, Stölzle u.a. 2002), gegeneinander an. Die intra-organisationale Prozessoptimierung hat sich zu einer inter-organisationalen Optimierung gewandelt, mit dem Ziel, die Wettbewerbsfähigkeit der gesamten Supply Chain mit allen Partnern zu steigern. Es stellt sich die Frage, wie dieses Ziel in einem Umfeld steigender Kundenanforderungen und hoher Variantenvielfalt innerhalb komplexer, weltweit agierender Supply Chains erreicht werden kann. Lee wie auch andere Wissenschaftler sehen den Weg in einer engen Integration der Mitglieder einer Supply Chain (Lee 2000).

2.1 Integration

Die Integration ist „im allgemeinen Sprachgebrauch die Herstellung oder Wiederher-
stellung eines Ganzen durch Vereinigen oder Verbinden logisch zusammengehörender
Teile (entweder als Vorgang oder als Ergebnis)" (Heinrich und Roithmayr 1998, S.
276). Die technische Integration beschreibt die „Schaffung von Obersystemen, welche
mehrere Techniksysteme zu einem neuen, umfassenderen, integrierten Gesamtsystem
miteinander verknüpfen" (Heinrich und Roithmayr 1998, S. 524). Sie wird durch die
zwischenbetriebliche Integration ergänzt, die zusätzlich zur technischen Integration
allgemein den Informations- und Kommunikationsaustausch zwischen Unternehmen
umfasst, „aufgrund der Beziehungen zu Kunden und Lieferanten" (Heinrich und
Roithmayr 1998, S. 591).

Lee hat den Gedanken der Integration näher untersucht und drei Faktoren entwickelt,
die die Integration der Partner einer Supply Chain wesentlich beeinflussen:
„information [..], coordination, and organizational linkage" (Lee 2000, S. 32).

Der Faktor *Information* umfasst nachfragegetriebene Informationen und Wissen.
Nachfragegetriebene Informationen werden durch die Bestellung eines Kunden
ausgelöst. Die Bestellung hat festgelegte Prozessschritte und einen dazugehörigen Informationsfluss entlang der Supply Chain zur Folge. Zu Wissen verarbeitete Informationen werden durch mittel- bis langfristige Beobachtungen gebildet und umfassen
Objekte wie Kundenstruktur oder Käuferverhalten. Der Faktor *Koordination* bedient
sich dieser gemeinsamen Informationsbasis und nut-zt sie für die optimale Allokation
von Entscheidungen und Ressourcen. Das bedeutet zum einen, dass Entscheidungen
von dem Partner getroffen werden sollen, der sich zu gegebenem Zeitpunkt und Ort
am besten dazu eignet; zum anderen sollen Ressourcen einer Supply Chain im güns-
tigsten Fall allen Partnern zur Verfügung stehen und eingesetzt werden können. Die
Integration von Informationen und Koordination ist nur dann möglich, wenn die orga-
nisatorischen Voraussetzungen geschaffen werden. Die Verknüpfung der unterschiedlichen Organisationen muss aufgebaut und verstärkt werden. Hierzu ist eine Implementierung von Schnittstellen und Kommunikationskanälen für den reibungslosen Informationsfluss, eine Definition von Ziel- und Messgrößen zur Bewertung der Effektivität der Supply Chain und eine klare Verteilung von Kompetenzen zwischen den Organisationseinheiten notwendig (Lee 2000).

Auch Hammer, einer der Autoren des Bestsellers *Reengineering the Company*, weist auf die zukünftige Bedeutung der Integration der Supply Chain Partner hin: „Streamlining cross-company process is the next great frontier for reducing cost, enhancing quality, and speeding operations. [..] The victors will be those companies that are able to take a new approach to business, working closely with partners and design and manage process that extend across traditional corporate boundaries" (Hammer 2001, S. 84).

Das Modell der Integration der Partner einer Supply Chain setzt die Grundidee des SCM – unternehmensübergreifende Zusammenarbeit – um und schafft die Basis für eine noch stärkere Form der unternehmensübergreifenden Integration der Partner: die Kollaboration.

2.2 Kollaboration

Der Begriff Kollaboration wird in wissenschaftlichen Artikeln und Diskussionen häufig gleichwertig mit dem Begriff der Integration verwendet. Es lässt sich in der wissenschaftlichen Literatur aufgrund der Aktualität der Diskussion keine eindeutige Abgrenzung zwischen den beiden Begriffen finden. Dieses Buch nimmt eine Unterscheidung vor und greift die von Bruner (1991) aufgestellte Definition von Kollaboration auf, der sich aus dem erziehungswissenschaftlichem Umfeld dem Begriff genähert hat:

„Collaboration is a process to reach goals that cannot be achieved acting single (or, at a minimum, cannot be reached efficiently). [..] Collaboration includes all of the following elements: jointly developing and agreeing to a set of common goals and directions; sharing responsibility for obtaining those goals; and working together to achieve those goals, using the expertise of each collaborator" (Bruner 1991).

Diese Definition enthält zwei entscheidende Wörter: *goal* und *process*. Die Partner entwickeln und einigen sich auf gemeinsame Ziele, die sie alleine nicht oder nur unter großen Anstrengungen erreichen könnten. Zu beachten ist, dass die Partner für die Erreichung der Ziele verantwortlich sind. Überträgt man dies nun auf die Welt des SCM, heißt die Übernahme von Verantwortung nichts anderes, als die Aufnahme der gemeinsamen Ziele in die jeweilige Unternehmensstrategie der Partner. Weiterhin ist Kollaboration nach der Definition ein Prozess. Dieser ist zur Erreichung der gemeinsamen Ziele nicht innerhalb kurzer Zeit abgeschlossen, sondern ist langfristig ausgerichtet. Auch Stadtler und Kilger (2002) stellen fest: "Collaborative planning requires a collaborative relationship with the intent of establishing a mid-term relationship [..]. Thus, the collaboration is not a "one-transaction-relationship" with spot-market character" (Stadtler und Kilger 2002, S. 225). Eine andere wissenschaftliche Publikation beschreibt die Kollaboration als "[..] the process by which partners adopt a high level of purposeful cooperation to maintain a trading relationship over time" (Dangelmaier, Busch u.a. 2002, S. 42). Auch dies deutet auf den langfristigen Charakter der Kollaboration hin.

Weiterhin zeichnet sich die kollaborative Zusammenarbeit der Partner durch eine bilaterale Beziehung aus. Beide berücksichtigen bei der Gestaltung und Umsetzung der eigenen Unternehmensziele die gemeinsam vereinbarten Ziele. Dabei können Konflikte entstehen. Die Kollaboration schafft eine Kommunikationsplattform und stellt Instrumente zur Verfügung, um Konflikte zu lösen und eine für beide Seiten nutzenbringende Lösung zu finden (Dangelmaier, Busch u.a. 2002).

Die langfristige Ausrichtung, die gemeinsame Verantwortung der Partner zur Erreichung der Ziele und deren Aufnahme in die Unternehmensstrategien machen deutlich, dass die Kollaboration die Partnerschaft intensiviert und die Organisationseinheiten enger zusammenwachsen lässt, als es bei der Integration der Fall ist. Die Integration schafft die technologischen und organisationalen Bedingungen, ohne die Partner tatsächlich in die Pflicht zu nehmen. Die Kollaboration baut auf der Integration auf und bindet die Partner durch gegenseitige Verpflichtungen stärker aneinander. Der Erfolg der Kollaboration hängt von einigen Faktoren ab, die im nächsten Kapitel (2.3) erläutert werden.

2.3 Erfolgsfaktoren

Die Organisationseinheiten einer Supply Chain bleiben trotz Integration und Kollaboration juristisch selbständig, hängen jedoch wirtschaftlich je nach Grad der Zusammenarbeit voneinander ab. Entscheidend für die Stabilität der Kollaboration und ihren Erfolg ist die Bildung einer *Win-Win Situation*. Es kommt zwar vor, dass ein Mitglied in der Kollaboration eine stärkere Machtposition gegenüber den anderen besitzt. Ein klassisches Beispiel in diesem Zusammenhang ist die Beziehung zwischen Hersteller und Zulieferer in der Automobilbranche. Aber entscheidend ist, dass die Rechte und Pflichten der Mitglieder in der Kollaboration aus Sicht des einzelnen Mitglieds gerecht verteilt sind. Andernfalls droht das Auseinanderfallen der Kollaboration (Stadtler und Kilger 2002, S. 231).

Es existieren zahlreiche Faktoren, die dabei zu beachten sind. Sie reichen von der gerechten Verteilung von Kompetenzen, dem gleichberechtigtem Zugriff auf Ressourcen bis hin zur Beteiligung an gemeinsam erwirtschaftetem Gewinn. Diese Faktoren werden hier nicht weiter betrachtet. Entsprechend der Zielsetzung konzentrieren sich die weiteren Ausführungen auf einen Faktor, der für den Erfolg der Kollaboration sehr bedeutsam und in vielen Definitionen des SCM enthalten ist, den Informationsfluss. McClellan nennt als dritte wichtige Stütze der Kollaboration die Echtzeit-Informationen: „the third major leg is the specific information necessary to keep all parts of the supply chain properly oiled with clean, timely, and correct data" (McClellan 2003, S. 5). Die Informationen sind das Bindemittel zwischen den Organisationseinheiten, das die reibungslose Kommunikation ermöglicht und die Partner zusammenhält.

Es wird in den folgenden Kapiteln nicht darum gehen, wie die Mitarbeiter aller Supply Chain Mitglieder möglichst in Echtzeit Zugriff auf sämtliche Informationen der Supply Chain haben. Vielmehr kommt es darauf an, spezifische Informationen an vorher definierte Stellen bzw. Mitarbeiter weiterzuleiten, um die in der Einleitung ausgeführte Informationsflut einzudämmen und somit letztlich die Wettbewerbsfähigkeit der gesamten Supply Chain zu gewährleisten.

3 Supply Chain Event Management

Diesem Kapitel kommt eine besondere Bedeutung zu, da die darin enthaltenen Erläuterungen zur Erreichung der zwei ersten Ziele dieser Analyse führen: die Einordnung des SCEM in das SCM (3.3.3) und die Beherrschung der Informationsflut (3.7), mit der die Unternehmen zu kämpfen haben. Dazu wird zunächst die konzeptionelle Grundlage für das SCEM geschaffen (3.1), das *Tracking&Tracing* (T&T) als Vorläufer des SCEM vorgestellt (3.2), bevor dann das SCEM selbst Inhalt der Ausführungen ist (3.3). Es wird auf die allgemeine Konzeption des SCEM (3.3), dessen Architektur (3.4), Datenquellen (3.5), softwaretechnische Umsetzung (3.6) und schließlich die Kontrolle der Informationsflut durch das SCEM eingegangen (3.7).

3.1 Konzeptionelle Grundlage

Das SCEM hat Ursprünge in einer bereits etablierten und im Einsatz befindlichen Technologie, dem T&T (3.2) - aber auch in theoretischen Ansätzen, die bereits in den 60er und 70er Jahren des letzten Jahrhunderts diskutiert wurden. Die konzeptionelle Grundlage des SCEM bildet das *Management by Exception* (MbE) (3.1.1) und die *ereignisorientierte Planung* (3.1.2), die Gegenstand der nächsten beiden Abschnitte sind.

3.1.1 Management by Exception

Der Begriff MbE wurde erstmals von Bittel (1964) geprägt und stellt ein Instrument der Unternehmensführung dar. Er definiert MbE mit folgenden Worten: "Management by exception [..] is a system of identification and communication that signals the manager when his attention is needed; conversely, it remains silent when his attention is not required" (Bittel und Maynard 1964, S. 5). Diese Führungsmethode reduziert die Kontroll- und Steuerungsaktivitäten des Managers. Seine Aufmerksamkeit und Fähigkeiten werden nur dann beansprucht, wenn außergewöhnliche, unerwartete Ereignisse innerhalb eines Prozesses auftreten. Koreimann (1999) hat auf der Grundlage der Ausarbeitung von Bittel ein kybernetisches Regelkreismodell entwickelt. Das kybernetische Prinzip ist die „systematische Anwendung des Prinzips der Regelung und Steuerung als spezifische Form des Verhaltens eines Systems zur Erreichung des Systemgleichgewichts" (Heinrich und Roithmayr 1998, S. 320). Dem Prinzip der Kybernetik folgend hat Koreimann eine genaue Vorgehensweise zur Implementierung des MbE mit sechs Aktivitäten entwickelt. Nach Ausführung der sechs Aktivitäten, die im Folgenden näher erläutert werden, beginnt der Kreislauf der Aktivitäten von neuem, mit dem Ziel, ein Systemgleichgewicht herzustellen.

In den ersten beiden Aktivitäten werden die Soll-Werte und die zulässigen Abweichungen von den geplanten Werten erarbeitet und festgehalten. Zu welchem Zeitpunkt und in welcher inhaltlichen Form das Berichtssystem mit dem Manager kommuniziert, wird in der dritten Aktivität bestimmt. Die Abweichungsanalyse als vierte Aktivität prüft, ob die ermittelten Ist-Werte noch in den Toleranzbereichen der Soll-Werte liegen. Solange sich der Prozess innerhalb der definierten Zielgrößen bewegt, kann der verantwortliche Mitarbeiter selbst den Prozess steuern. Andernfalls informiert das Berichtssystem die Führungskraft des Mitarbeiters über die Überschreitung der Toleranzbereiche. Die Führungskraft wird demnach nur dann informiert, wenn Planabweichungen eintreten. Infolgedessen wird sie von Routinearbeiten entlastet. Die Führungskraft entscheidet in einer weiteren Aktivität des Regelkreises über adäquate Maßnahmen, die die Durchführung des Prozesses oder die darin verwendeten Mittel betreffen. Wenn keine passenden Maßnahmen existieren oder die Maßnahmen dem Prozess nicht zur notwendigen Stabilität verhelfen, wird in der letzten Aktivität eine Korrektur der Soll-Werte vorgenommen und Störfaktoren beseitigt. Der Regelkreis schließt sich und beginnt von neuem (Koreimann 1999, S. 37-40). Der Einsatz des MbE verhilft der Führungskraft nicht zwangsläufig zu einer Zeitersparnis, sondern erhöht deren zeitliche Verfügbarkeit für die wirklich kritischen Bereiche des Prozesses.

3.1.2 Ereignisorientierte Planung

Die Unternehmensplanung bildet zusammen mit der Kontrolle eine der vier Grundfunktionen des Managements (Ulrich und Fluri 1995, S. 17). Die Planung im Unternehmen beinhaltet „die gedankliche Vorwegnahme zukünftigen Geschehens durch zielorientierte Alternativensuche, -beurteilung und –auswahl bei Zugrundelegung bestimmter Annahmen über künftige Umweltsituationen" (Hahn und Hungenberg 2001, S. 61). Die Kontrolle ergänzt die Planung und führt einen Vergleich zwischen den geplanten Soll-Werten und tatsächlich eingetretenen Ist-Werten durch. Sie stellt somit die Erfüllung der Planung sicher (Hahn und Hungenberg 2001, S. 47f). Die Dynamik der Umwelt und die damit verbundene unsichere Entwicklung der Umweltvariablen erfordert eine Anpassung und flexible Ausrichtung von Planung und Kontrolle (Pfohl und Stölzle 1997, S. 95). Dieser notwendigen Planungsflexibilität lassen sich drei Eigenschaften zuordnen: Aktionsvolumen, Reagibilität und Prognosefähigkeit. Das Aktionsvolumen umfasst das zur Verfügung stehende Anpassungspotential bei Umweltveränderungen. Die Reagibilität bezieht sich auf die Fähigkeit, den Anpassungsbedarf in einer angemessenen Zeit zu befriedigen. Die Prognosefähigkeit schließt die Wahrnehmung und Reaktion auf Veränderungen in der Umwelt ein.

Die von Hax und Laux (1972) vorgenommene Unterscheidung zwischen starrer und flexibler Planung lässt sich der Eigenschaft Aktionsvolumen zuordnen (Pfohl und Stölzle 1997, S. 96-105). Betrachtet man eine Entscheidungssituation, bei der in zwei oder mehr aufeinanderfolgenden Zeitpunkten eine Möglichkeit aus verschiedenen Alternativen zu wählen ist, jede der gebotenen Alternativen von den zuvor gemachten Entscheidungen und der gegenwärtigen Umweltsituation abhängt und die Umweltentwicklung in jedem Zeitpunkt ungewiss ist, dann hat die flexible Planung nach Hax und Laux (1972) folgendes Prinzip. Man bezieht die Entscheidungen zukünftiger Ereignisse und Aktivitäten in die gegenwärtige Entscheidung ein und nimmt ausgehend von der aktuellen Situation alle möglichen Eventualentscheidungen aufgrund der Umweltentwicklung in die Planung mit auf. Es wird in der jeweils aktuellen Planung bereits berücksichtigt, dass in den darauffolgenden Zeitpunkten die Planung angepasst werden muss. Diesem Prinzip steht die starre Planung gegenüber, bei der zwar auch im Zeitpunkt Null gleichzeitig über gegenwärtige und zukünftige Aktivitäten entschieden wird, jedoch die zukünftigen Aktivitäten ohne Rücksicht auf mögliche Umweltveränderungen festgeschrieben werden (Hax und Laux 1972, S. 319-322).

Die ereignisorientierte Planung folgt dem Prinzip der flexiblen Planung. Wenn ein als kritisch eingeschätztes Ereignis auftritt, wird eine Neuaufwurfsplanung durchgeführt, d.h. die Planung wird unter den zu diesem Zeitpunkt geltenden Restriktionen und Zielgrößen vollständig neu angestoßen (Kazmeier 1984, S. 164). Die Neuaufwurfsplanung ist ein Verfahren, das im Falle einer computergestützten Planung hohe Hardwareanforderungen an Speicher und Prozessorleistung hat. Aus diesem Grund wird dieses Verfahren oftmals mit dem *Net-Change-Prinzip* verknüpft, bei dem ausschließlich die Differenz der Änderungen betrachtet und kein vollständiger Optimierungslauf durchgeführt wird (Scheer 1990, S. 60).

Das Führungsinstrument MbE und die ereignisorientierte Planung eröffnen die Möglichkeit, flexibel und zeitnah auf Veränderungen in der Umwelt zu reagieren. Sie bilden die konzeptionelle Grundlage für den effizienten und effektiven Umgang mit der

Informationsflut innerhalb der Supply Chain (Karrer 2003, S.192). T&T-Systeme und das SCEM basieren auf diesen Konzepten und werden in den Kapiteln 3.2 und 3.3 vorgestellt.

3.2 Tracking&Tracing

Nach einer Einführung in die Technologie des T&T (3.2.1) werden die unterschiedlichen T&T-Systeme in den folgenden Abschnitten klassifiziert (3.2.2). Der Nutzen (3.2.3) und die Defizite (3.2.4) des T&T bilden den Abschluss des Kapitels.

3.2.1 Definition

Die zu koordinierenden und optimierenden Objekte des SCM sind der Finanz-, Material- und Informationsfluss. Der Materialfluss beinhaltet den Transport logistischer Einheiten vom Absender zum Empfänger. Der Informationsfluss bewegt sich sowohl in Richtung des Materialflusses, als auch in entgegengesetzter Richtung (Bretzke, Stölzle u.a. 2002, S. 29). T&T verbindet die zu transportierende logistische Einheit mit einem Informationssystem: „Tracking and tracing is linking up an entity, travelling from a consignor (A) to a consignee (B) through public space, with an information system" (Stefansson und Tilanus 2000, S. 256). Eine logistische Einheit ist „die Zusammenfassung auszuliefernder Güter zu größeren Einheiten wie Behälter, Faltkisten, Paletten, paketierte Einheit oder Packgut" (Klaus und Krieger 2000, S. 349). Der Transport dieser Einheit kann über Land-, Luft- oder Seewege erfolgen. Das T&T-System weist dem Transportgut eine entsprechende Information zu und versendet sie parallel zum Materialfluss über ein Informationssystem. Abbildung 1 veranschaulicht die Verbindung des physischen Transportes der logistischen Einheiten (E1 und E2) mit den Nachrichten (M1 und M2) des Informationssystems. Das T&T verknüpft somit den Material- und Informationsfluss der Wertschöpfungskette und ermöglicht die unternehmensübergreifende Bereitstellung von Informationen über die Transportgüter entlang der Supply Chain (Bretzke, Stölzle u.a. 2002, S.29).

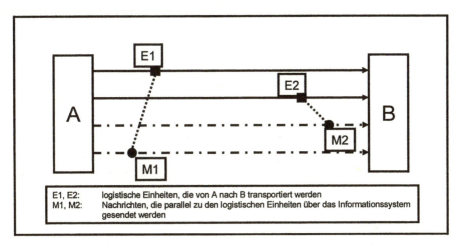

| E1, E2: | logistische Einheiten, die von A nach B transportiert werden |
| M1, M2: | Nachrichten, die parallel zu den logistischen Einheiten über das Informationssystem gesendet werden |

Abbildung 1: Definition Tracking&Tracing

(In Anlehnung an: Stefansson und Tilanus 2000, S. 254)

Bei genauerer Untersuchung der beiden Begriffe *Tracking* und *Tracing* stellt man fest, dass unter Tracking gewöhnlich die Verfolgung einer logistischen Einheit verstanden wird, während Tracing dem Nachvollziehen des Weges, den eine logistische Einheit genommen hat, entspricht. Tracing ist auf die gegenwärtige Position und den Status des Transportgutes, Tracking auf die Historie des Transportprozesses bezogen (Bretzke, Stölzle u.a. 2002, S. 3). Demnach ist Tracking als Datenlieferant die Voraussetzung für das darauffolgende Tracing (Fabbe-Costes 1999, S. 654).

Moderne T&T-Systeme kontrollieren den Transportprozess nicht nur sendungsgenau, sondern auch packstückgenau, d.h. die einzelnen Objekte einer Sendung werden durch T&T verfolgt. Ein einzelnes Objekt kann beispielsweise eine Palette auf einem LKW, ein Behälter auf einer Palette oder der Inhalt eines Behälters sein. Die Sendung lässt sich dabei in ihre Elemente disaggregieren, sodass über das T&T-System der Status eines einzelnen Elementes einer Sendung jederzeit erfragt und der Transportweg nachvollzogen werden kann. Dieser Eigenschaft des T&T kommt vor allem bei Rückholaktionen mangelhafter oder schlechter Ware besondere Bedeutung zu (Bretzke, Stölzle u.a. 2002, S. 3).

Das zentrale Element des T&T sind Statusmeldungen. Jeder logistische Prozess kann letztlich in unendlich viele Statusmeldungen unterteilt werden. Ein Beispiel hierfür ist die Verwendung des satellitengestützten Navigationssystems *Global Positioning System* (GPS) zur Steuerung und Kontrolle logistischer Prozesse. Dabei kann zu jedem Zeitpunkt die geographische Position der logistischen Einheit ermittelt und somit über den zeitlichen Verlauf des Transportes unendlich viele Statusmeldungen abgefragt werden. Im Unterschied dazu verhält sich das sendungsbezogene Statusreporting, das „diskrete Zustandsmeldungen an definierten Schnittstellen" hervorbringt (Bretzke, Stölzle u.a. 2002, S. 33). Dabei wird der Status des Transportgutes an festgelegten Durchlaufpunkten registriert und dem Informationssystem zur Verfügung gestellt. Die hierzu möglichen technischen Varianten werden im nächsten Abschnitt (3.2.2) vorgestellt.

3.2.2 Klassifikation

Zur besseren Unterscheidung und Strukturierung verschiedener T&T-Systeme eignet sich eine Klassifizierung anhand von acht Merkmalen (Bretzke, Stölzle u.a. 2002, S. 3-4; Stefansson und Tilanus 2000, S. 256-261), die in der Tabelle 1 zusammenfassend aufgeführt sind.

Merkmal	Ausprägung
Identifikationstechnologie	manuell, automatisiert
Reichweite	Ort, Zeit, Objekt
Registrierungsart von Ort und Zeit	kontinuierlich, diskret
Aggregation	unterschiedliche Aggregationsstufen
erfasste Attribute	Ort, Zeit, Identität der logistischen Einheit u.a.
Organisation des Informationssystems	zentral, dezentral
Zugänglichkeit der Daten	extern, intern; Anfragen automatisiert oder manuell
Aktivitätsgrad	passiv, aktiv

Tabelle 1: Übersicht Unterscheidungsmerkmale der T&T-Systeme

Ein erstes Unterscheidungsmerkmal ist die Technologie zur Identifikation der Transportgüter. Sie ist der Datenlieferant für das T&T-System. Die Daten werden manuell oder automatisiert in das Informationssystem eingespeist. Die Identifikationstechnologien reichen vom manuellen Ablesen der Referenznummern, über Barcodes bis hin zur automatisierten Dateneingabe über *Radio Frequency* (RF)/*Radio Frequency Identification* (RFID). Das Kapitel 3.3.5 geht näher auf die manuellen und automatischen Datenquellen ein.

Die Reichweite eines T&T-Systems ist ein weiteres Merkmal und umfasst drei Dimensionen zur Rückverfolgung einer logistischen Einheit: Ort, Zeit und Objekt. Die Suche über die Dimension Ort hat als Ergebnis, wo sich ein Transportgut gerade befindet. Bei Verwendung der Kriterien Ort und Zeit sind komplexere Anfragen möglich; es lässt sich beispielsweise erfragen, wann ein Transportgut einen bestimmten Ort passiert hat. Besonders aufwendig wird die Abfrage, wenn eine gesamte Produktionsreihe, deren Elemente an verschiedene Empfänger gesendet wurden, zurückgeholt werden muss. Dabei müssen alle drei Suchkriterien verwendet werden. Die Produktionsreihe entspricht in diesem Fall der Dimension Objekt.

Die Registrierungsart von Ort und Zeit ist ein weiteres Unterscheidungsmerkmal. Sie kann kontinuierlich oder diskret zu bestimmten, vorher definierten Punkten des Prozesses erfolgen.

Die T&T-Systeme unterscheiden sich weiterhin durch verschiedene Aggregationsstufen der zu erfassenden logistischen Einheiten. Auf der obersten Stufe der Aggregation kann beispielsweise ein LKW stehen, der sich in den Container und den darin enthaltenen Paletten disaggregieren lässt.

Das Differenzierungsmerkmal Attribut kann im einfachsten Fall auf die Ausprägungen Ort, Zeit und Identität der logistischen Einheit beschränkt werden. Oftmals werden jedoch zusätzliche Attribute über das Transportgut, wie Menge, Qualität, Verderblichkeit oder Gewicht, registriert und mitgeführt.

Auch können T&T-Systeme über die Organisation des Informationssystems voneinander abgegrenzt werden. Das Informationssystem kann dezentral oder zentral organisiert sein. Bei einer zentralen Organisation werden alle Informationen des T&T-Systems an einer Stelle gespeichert und zur Verfügung gestellt. Im anderen Fall werden die Daten verteilt innerhalb des Informationssystems hinterlegt.

Die Zugänglichkeit eines T&T-Systems legt fest, ob die Daten lediglich intern, also den eigenen Mitarbeitern, oder extern zur Verfügung gestellt werden. Sie umfasst ebenso, ob und in welchem Umfang Anfragen an das System automatisiert erfolgen oder manuell getätigt werden müssen.

Ein für die weiteren Ausführungen sehr wichtiges Unterscheidungsmerkmal ist der Aktivitätsgrad eines T&T-Systems. Er hat zwei Ausprägungen: passiv und aktiv. Ein passives System meldet den Status einer logistischen Einheit ausschließlich auf Anfrage. Ein aktives System macht den Benutzer auf unerwartete Vorkommnisse und Abweichungen selbständig aufmerksam. Die aktive Variante setzt voraus, dass im T&T-System Informationen über den geplanten Prozessverlauf hinterlegt sind und so ein Abgleich zwischen dem aktuellen und dem erwarteten Verlauf durchgeführt werden.

3.2.3 Nutzen

Vorangestellt sei die Bemerkung, dass T&T-Systeme oftmals als sogenanntes „Hygienekriterium" (Bretzke, Stölzle u.a. 2002, S. 2) betrachtet werden. D.h. die Implementierung eines solchen Systems an sich schafft keinen Wettbewerbsvorteil, wohingegen das Fehlen „das Ausscheiden aus dem Kreis der relevanten Anbieter zur Folge hat" (Bretzke, Stölzle u.a. 2002, S. 2).

Es gibt eine Reihe von Nutzeneffekten, die T&T-Systeme hervorbringen. Sie reichen von gesteigerter Auskunftsfähigkeit, qualifiziertem Transportnachweis, Überwachung der Transport-/Transferzeiten bis hin zur Bereitstellung von Managementinformation zur Prozessoptimierung und Qualitätssteigerung (Bretzke, Stölzle u.a. 2002). Zusammenfassend lässt sich festhalten, dass T&T-Systeme die Transparenz der gesamten Supply Chain erhöhen (Karrer 2003, S. 192). Vor allem bei komplexen Supply Chains mit vielen voneinander abhängigen Supply Chain Partnern und umfangreichen Prozessen wird die Transparenz und Kontrollierbarkeit der Supply Chain erhöht. Neben dem Nutzen weist die T&T-Technologie einige Defizite auf, die es zu beachten gilt und im nächsten Abschnitt (3.2.4) erläutert werden.

3.2.4 Defizite

Derzeit im Einsatz befindliche T&T-Systeme haben im Wesentlichen drei Schwach-stellen. Erstens werden in der Praxis die vom System zur Verfügung gestellten Infor-mationen nicht in Echtzeit aktualisiert. Dies hat zur Folge, dass die für den Transport-prozess verantwortlichen Mitarbeiter Entscheidungen auf einer qualitativ schlechten Datenbasis treffen. Das kann gerade bei zeitkritischen Lieferungen den Nutzen eines T&T-Systems verringern. Zweitens sind im Informationssystem meistens keine Soll-Werte hinterlegt, auf deren Grundlage ein Abgleich mit den Ist-Werten durchgeführt werden könnte. Es werden lediglich die aktuellen Informationen vom T&T-System erfasst. Aus diesem Grund muss der Mitarbeiter selbständig ermitteln und entscheiden, ob die vorliegenden Informationen eine Abweichung vom regulären Prozess darstellen und eine entsprechende Reaktion notwendig machen. Drittens ist der Aktivitätsgrad aktueller T&T-Systeme oftmals passiv. Die Benutzer des Systems müssen selbst aktiv werden und Anfragen an das System zur Statusabfrage des Transportprozesses stellen. Das erhöht den Arbeitsaufwand der Mitarbeiter und führt bei komplexen Prozessen dazu, dass Abweichungen nicht erkannt werden und der Prozess nicht optimal durch-geführt wird. Gerade die beiden letzten Schwachstellen verhindern, dass die im ein-leitenden Kapitel erwähnte Informationsflut nicht eingedämmt und reduziert wird (Bretzke, Stölzle u.a. 2002). Das Konzept des SCEM, das im nächsten Kapitel (3.3) einführend vorgestellt wird, hebt diese Schwachstellen auf.

3.3 Konzeption des SCEM

Dieses Kapitel beginnt mit einer Einführung in das SCEM (3.3.1) und stellt das Ereig-nis als zentrales Element des SCEM vor (3.3.2). Zudem wird eine Einordnung des SCEM in das SCM vorgenommen (3.3.3) und auf die Reduzierung des Bullwhip-Ef-fektes durch das SCEM eingegangen (3.3.4).

3.3.1 Definition

„Supply Chain Event Management ist ein Konzept, mit dem Ereignisse innerhalb eines Unternehmens und zwischen Unternehmen erfasst, überwacht und bewertet werden" (Nissen 2002a, S. 477).

Die Konzeption des SCEM kann zunächst unabhängig von technischen Erklärungen und Details dargestellt werden. In der Umsetzung der Konzeption bildet ein mächtiges Informationssystem die Basis für das SCEM. Der „Einsatz von Informationssystemen für die Durchführung des SCEM [ist] von großer Bedeutung" (Steven und Krüger 2004, S. 184). Im Folgenden wird zunächst auf die Konzeption näher eingegangen, bevor dann im Kapitel 3.4 die technische Realisierung des SCEM in Verbindung mit einem Informationssystem im Mittelpunkt der Erläuterungen steht.

Die konzeptionelle Grundlage des SCEM umfasst die ereignisorientierte Planung und MbE (3.1). Diese Elemente sind in die Definition des SCEM von Nissen (2002a) eingegangen. Die Ereignisse, die in der Supply Chain auftreten, werden fortlaufend erfasst und überwacht. Wenn der Soll-Ist-Abgleich der Ereignisdaten das Ergebnis hervorbringt, dass ein kritisches Ereignis vorliegt, erfolgt darauf eine Reaktion des Informationssystems. Die Reaktion kann gegebenenfalls ein erneutes Anstoßen der Planung auslösen. Dies entspricht dem Prinzip der ereignisorientierten Planung (3.1.2). Das Führungsinstrument MbE (3.1.1) wird umgesetzt, indem der Mitarbeiter nur bei Vorliegen eines kritischen Ereignisses darüber informiert wird. Er kann dann frühzeitig weitere Maßnahmen einleiten, um weitere Folgen zu verhindern. Der Mitarbeiter nimmt somit die in Kapitel 3.1.1 beschriebene Rolle der Führungskraft ein.

Die Definition enthält eine weitere Eigenschaft des SCEM. Die Prozesse werden nicht nur innerhalb eines Unternehmens kontrolliert und bewertet, sondern über Unternehmensgrenzen hinaus. Das SCEM stellt die Möglichkeit zur Verfügung, Daten über heterogene Systemlandschaften hinweg zwischen Unternehmen auszutauschen. Die Partner der Supply Chain verfügen auf diese Art und Weise über eine übergeordnete Kommunikationsplattform und können ihre Planungen und Aktivitäten besser aufeinander abstimmen. Insofern unterstützt und fördert das SCEM die von einigen Wissenschaftlern aufgestellte Forderung nach mehr Integration und Kollaboration (2.1 und 2.2) in der Supply Chain zur Sicherung der Wettbewerbsfähigkeit. Das Ereignis ist ein zentrales Element des SCEM und wird daher im folgenden Kapitel (3.3.2) detailliert erläutert.

3.3.2 Ereignis

Das Ereignis taucht als begrifflicher Bestandteil des SCEM in der englischen Übersetzung als *Event* auf, was zusätzlich auf die zentrale Bedeutung des Ereignisses im

SCEM hindeutet. Das Ereignis im Sinne des SCEM grenzt sich durch seine Eigenschaften von den Statusmeldungen der T&T-Systeme ab. Statusmeldungen werden vom Informationssystem gemeldet und besitzen in der Regel einen passiven Aktivitätsgrad. Demgegenüber bilden Ereignisse die Grundlage des SCEM, die im Gegensatz zu Statusmeldungen deutlich seltener auftreten. Diese Tatsache ergibt sich aus der Definition eines Ereignisses: Ein Ereignis ist „eine Abweichung zwischen dem geplanten Soll-Zustand und dem tatsächlichen Ist-Zustand" (Steven und Krüger 2004, S.181). D.h. nicht jede Statusmeldung ist gleichzeitig ein Ereignis. Ein Ereignis tritt ausschließlich dann auf, wenn im Prozessverlauf eine Abweichung von der Planung entsteht. Wenn beispielsweise zum geplanten Zeitpunkt eine Palette auf einen LKW verladen wurde, entspricht dies einer Statusmeldung. Ein Ereignis liegt vor, wenn die Verladung auf den LKW tatsächlich erst einen Tag später als geplant durchgeführt wird.

Der Definition muss hinzugefügt werden, dass ein Ereignis „im individuellen Kontext des jeweiligen Betrachters" entsteht (Bretzke, Stölzle u.a. 2002, S. 34). Eine Abweichung vom Soll-Wert ist für den jeweiligen Betrachter nicht zwangsläufig mit der Entstehung eines Ereignisses verbunden. Ein Beispiel ist der Transport eines Rohstoffes durch einen Logistikdienstleister zu einer Produktionsstätte. Für den verantwortlichen Mitarbeiter des Dienstleisters ist die Unterbrechung des Transportes aufgrund eines schweren Unfalles ein Ereignis, da eine signifikante Abweichung von der geplanten Ankunftszeit aufgetreten ist. Der Produktionsleiter hingegen verfügt möglicherweise über genügend Sicherheitsbestände des zu liefernden Rohstoffes, sodass der Ausfall der Rohstofflieferung ein Ereignis nicht entstehen lässt. Ein Ereignis ergibt sich daher aus den „im System hinterlegten Soll-Zustandsbedingungen des Plans und den Folgewirkungen im Falle von Abweichungen", bezogen auf den Kontext des jeweiligen Betrachters (Bretzke, Stölzle u.a. 2002, S. 34).

Ereignisse können einen negativen oder positiven Charakter haben (Karrer 2003, S. 194) und damit negative oder positive Folgen für die weitere Planung nach sich ziehen (Steven und Krüger 2004, S. 181). Ein Ereignis hat negative Folgen, wenn zum Beispiel eine Lieferung verspätet eintrifft. Die davon betroffenen Supply Chain Partner werden darüber informiert und leiten gegebenenfalls Aktivitäten als Gegenmaßnahmen ein. Ein Ereignis hat positive Folgen, wenn die Lieferung früher als geplant eintrifft. Dieses positive Ereignis kann beispielsweise das Versenden einer Meldung an den Kunden zur Folge haben, die ihn über das frühe Eintreffen der Ware informiert.

Weiterhin lassen sich Ereignisse in drei verschiedene Arten unterteilen: verfrühte bzw. verspätete, unerwartete und nicht-gemeldete Ereignisse. Ein Ereignis ist verfrüht bzw. verspätet, wenn es vor bzw. nach dem geplanten Zeitpunkt eintritt. Ein Ereignis wird als unerwartet bezeichnet, wenn ein in der Planung nicht berücksichtigter Vorgang überraschend auftritt. Dies kann ein Unfall eines LKWs oder ein plötzlicher Wintereinbruch sein, der die Fortsetzung des Transportes auf absehbare Zeit unmöglich macht. Ein nicht-gemeldetes Ereignis beschreibt den Fall, dass die Meldung des Ereignisses nicht durchgeführt, verlorengegangen oder der entsprechende Prozessschritt übersprungen und nicht eingetreten ist (Nissen 2002a, S. 478). Die drei unterschiedlichen Ereignisarten werden im Zeitablauf ihrer Entstehung in Abbildung 2 gezeigt. Der obere Bereich der senkrechten Achse enthält die geplanten Werte, während der untere Bereich die tatsächlich eingetroffenen und gemeldeten Werte erfasst.

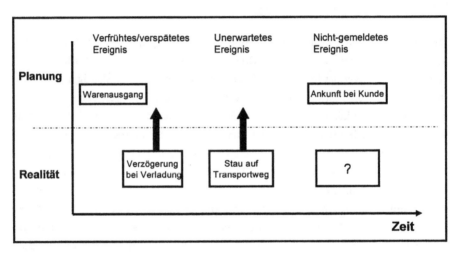

Abbildung 2: Ereignisarten

(In Anlehnung an: SAP 2001c)

Ein Ereignis entsteht, wenn ein bestimmter geplanter Wert unter- oder überschritten wird. In Abhängigkeit der Prozess- und Ereignisart ist es sinnvoll, diesen Wert in eine Toleranzzone einzubetten. Sobald die Toleranzzone unter- bzw. überschritten wird, wird ein Ereignis ausgelöst. Nach der Einführung in die Managementphilosophie SCM und der Vorstellung des SCEM-Konzeptes sind die Voraussetzungen geschaffen, um eine Einordnung des SCEM in das SCM zu entwickeln. Das folgende Kapitel 3.3.3 nimmt sich diesem Ziel an.

3.3.3 Einordnung des SCEM in das SCM

Die Einordnung des SCEM in das SCM ist für das Verständnis der Funktionen und dem daraus entstehenden Nutzen des SCEM bedeutsam. Der Ansatz zur Einordnung des SCEM geht aus den integrativen (2.1) und kollaborativen (2.2) Entwicklungen des SCM hervor. Die im Managementkonzept SCM inhärente und über die Systemgrenzen eines einzelnen Unternehmens hinausgehende Zusammenarbeit „bildet die Grundlage für eine Optimierung der gesamten Supply Chain" (Dangelmaier, Busch u.a. 2002, S. 39). Die unterschiedliche Intensität der Zusammenarbeit wird durch die beiden Begriffe Integration und Kollaboration beschrieben. Die „unternehmensübergreifende Integration beschränkt sich oftmals auf die technologische Ebene" (Dangelmaier, Busch u.a. 2002, S. 39). Die Partner der Supply Chain erarbeiten, entwickeln und vereinbaren eine einheitliche Kommunikationsplattform. Dieses übergeordnete System verknüpft verschiedene Kommunikationsarten und -ebenen miteinander und ermöglicht einen reibungslosen Informationsaustausch.

Die Kollaboration geht einen Schritt weiter. Bei der kollaborativen Zusammenarbeit werden die einzelnen Prozesse der Partner unternehmensweit synchronisiert. Zwar verbleibt die Planungshoheit bei den einzelnen Unternehmen, aber jedes Unternehmen optimiert abgestimmt mit seinen Partnern seine eigenen Ressourcen (Dangelmaier, Busch u.a. 2002, S. 46). Die gemeinsame Abstimmung der Planung erfolgt über ein zentral organisiertes Planungssystem, einem *Advanced Planning System* (APS), das im weiteren Verlauf dieses Kapitels erläutert wird.

Das SCM wird demnach um kollaborative Elemente erweitert, die unter dem Begriff *Collaboration Supply Chain Management* (CSCM) zusammengefasst werden (Dangelmaier, Busch u.a. 2002, S. 37) und erfährt auf diese Art und Weise eine Verstärkung der wichtigen Eigenschaft der Zusammenarbeit in einem Unternehmensverbund.

CSCM wird definiert als „aktive und auf die Erzielung von Win-Win-Situationen ausgerichtete Zusammenarbeit zwischen den Supply Chain Partnern. Es umfasst kollaborative Abstimmungsprozesse durch den intelligenten Austausch von definierten Daten, bei dem beide Seiten mit definierten Rechten und Pflichten in den Prozess eingebunden sind" (Busch, Dangelmaier u.a. 2003, S. 29). Das CSCM umfasst „alle kollaborativen Abstimmungsprozesse auf der Planungs- und Ausführungsebene"

(Dangelmaier, Busch u.a. 2002, S. 44): *Supply Chain Planning* (SCP) und *Supply Chain Execution* (SCE).

SCP „befasst sich mit der Erstellung von Plänen unter simultaner Berücksichtigung aller relevanten Einschränkungen und umfasst alle Prozesse, Organisationseinheiten und Softwarelösungen zur Planung und Optimierung komplexer Wertschöpfungsketten" (Bretzke, Stölzle u.a. 2002, S. 29). Es hat sich in der Praxis gezeigt, dass ein einmal aufgestellter und optimierter Plan nicht für alle zukünftigen Prozesswiederholungen ausreicht. Er muss immer wieder den sich verändernden Umweltbedingungen angepasst werden (Wieser und Oswald 2001, S. 65). Das Ziel des SCP ist die Steigerung der Produktivität und Effektivität der Supply Chain Prozesse. Die Umsetzung erfolgt über APS-Systeme, die als „modular strukturierte Softwaresysteme zur integrativen Unterstützung einer unternehmensübergreifenden Planung und Steuerung von Leistungsprozessen" (Corsten und Gössinger 2001, S. 152) eingesetzt werden. Dabei kommen rechnergestützte Planungsmethoden und –algorithmen sowie ressourcenintensive Simulationen zur Optimierung der Beschaffungs-, Produktions-, Distributions- und Vertriebsprozesse zum Einsatz (Lawrence, Hildebrand u.a. 2001, S. 49; Stadtler und Kilger 2002, S. 99). Die Verwendung hauptspeicherresidenter Modelle ermöglicht die Planung und Optimierung komplexer Zusammenhänge und Abhängigkeiten innerhalb kürzester Zeit (Busch, Dangelmaier u.a. 2003, S. 27).

Die kollaborative Zusammenarbeit der Supply Chain Partner ist die Voraussetzung für den erfolgreichen Einsatz eines APS-Systems; denn dessen Einsatz geht über die rein technische Integration hinaus. Ein APS-System führt die unterschiedlichen Planungsdaten der Mitglieder der Kollaboration zu einer zentralen Optimierungseinheit zusammen. Diese Planungsdaten sind unternehmenssensitive Informationen. Daher setzt der Austausch dieser Informationen ein hohes Vertrauen voraus, das im Rahmen einer langfristigen kollaborativen Zusammenarbeit sukzessive aufgebaut wird. Aufgrund des kollaborativen Charakters fasst man die Planungskomponente des CSCM auch unter dem Begriff *Collaborative Planning* zusammen (Busch, Dangelmaier u.a. 2003, S. 26-29).

Das SCE betrifft die Ausführungsebene und setzt die Ergebnisse des SCP um. Bestandteile des SCE sind operative Aktivitäten wie beispielsweise Auftragsabwicklung, Transport- und Bestandssteuerung (Busch, Dangelmaier u.a. 2003, S. 28). Das SCE hat daher einen kurzfristigen Zeithorizont. Zusätzlich hat SCE die Funktion der Dokumentation der Prozesse und Aktivitäten entlang der Supply Chain (Bretzke, Stölzle u.a. 2002, S. 29).

Die Verknüpfung von SCP und SCE ist aus zwei wesentlichen Gründen für den Erfolg einer Supply Chain bedeutend. Zum einen werden bei der Planung „Puffer an Material und Zeit" (Wieser und Lauterbach 2001, S. 65) für unerwartet auftretende Umweltveränderungen berücksichtigt, was eine Ressourcenverschwendung zur Folge hat. Zum anderen sind die Verzweigungen und Abhängigkeiten in einer Supply Chain derart komplex, dass eine leichte Veränderung in der Planung eine starke Kettenreaktion in der Umsetzung auslöst, wenn die ausführenden Prozesselemente darauf nicht vorbereitet sind. Dies kann das „geplante Geflecht von Beschaffungs-, Produktions- und Transportprozessen empfindlich stören" (Wieser und Lauterbach 2001, S.65).

Die Herausforderung an die Partner der Supply Chain besteht darin, die Lücke zwischen SCP und SCE zu verringern und eine enge Verknüpfung zwischen Planung und Ausführung herzustellen. Die heterogenen IT-Systeme der verschiedenen Unternehmen entlang der Supply Chain erweisen sich dabei oftmals als Hürde (Bretzke, Stölzle u.a. 2002, S. 29). Die Kommunikationsschnittstellen zwischen den Unternehmen basieren nicht selten auf unterschiedlichen Technologien. Medienbrüche sind die Folge. Ein Medium dient der Darstellung, Speicherung, Übertragung und dem Austausch von Daten. Ein Medienbruch ist ein nicht wertschöpfender Medienwechsel (Heinrich und Roithmayr 1998, S. 346). Er tritt beispielsweise dann auf, wenn das zu beliefernde Unternehmen ein IT gestütztes Warenbestandssystem verwendet, wohingegen der Lieferant die Belege noch handschriftlich verfasst und weiterleitet. Folglich erhöht sich auf beiden Seiten der Arbeitsaufwand durch Mehrfacheingaben und Fehleingaben. Ein Teil des durch SCP generierten Vorteils geht aufgrund der Medienbrüche verloren. Eine weitere Folge der Medienbrüche ist die Tatsache, dass durch Umweltveränderungen verursachte Planungsänderungen nicht rechtzeitig den Supply Chain Partnern mitgeteilt werden. Die Reaktion auf diese Veränderungen erfolgt dementsprechend verzögert und senkt den Optimierungsgrad der gesamten Supply Chain (Bretzke, Stölzle u.a. 2002, S. 29). Das SCEM schafft eine Plattform zur Verhinderung solcher Medienbrüche (Kapitel 3.4.2).

Das SCEM ist ein „kurzfristig ausgerichtetes [..] Steuerungskonzept [..]" (Steven und Krüger 2004, S.181) zur Schließung dieser Lücke zwischen SCP und SCE (Nissen

2002a, S. 477; Wieser und Lauterbach 2001, S. 63). Daraus könnte man auf eine Koordinationsfunktion des SCEM für SCP und SCE schließen. Dem SCEM werden Planungs- und Steuerungsfunktionen zugewiesen (Steven und Krüger 2004, S. 181). Auch SAP führt SCEM unter der Funktion *Supply Chain Coordination* losgelöst von SCP und SCE auf (SAP 2003b) und positioniert das SCEM als koordinierendes Element über SCP und SCE.

Diese Einordnung des SCEM erweist sich aus zwei wesentlichen Aspekten als falsch. Erstens wird der Planungsprozess selbst nicht vom SCEM gesteuert. Diese Funktion wird von einem APS-System übernommen, das zentral die Planungsdaten der Supply Chain Partner sammelt und eine unternehmensübergreifende Planung generiert. Das SCEM verwendet zwar die aus dem Planungsprozess hervorgehenden Daten und führt auf deren Basis einen Abgleich zwischen Plan- und Istwerten durch. Es kann auch vorkommen, dass das SCEM in Anbetracht des Ergebnisses des Plan-Ist-Abgleiches eine erneute Planung anstößt. Das SCEM hat jedoch keine steuernde und koordinierende Komponente, die den Planungsprozess an sich beeinflusst.

Zweitens unterscheiden sich SCEM und SCP bezüglich ihrer zeitlichen Ausrichtung. Das SCP hat einen kurzfristigen, mittelfristigen und langfristigen Zeithorizont (Stadtler und Kilger 2002, S. 58). Im Gegensatz dazu ist SCEM vorwiegend ein kurzfristiges Steuerungskonzept und kann daher keine ganzheitliche, koordinierende Funktion in Bezug auf das SCP übernehmen. Ein wichtiges Indiz für den kurzfristigen Charakter des SCEM ist das zentrale Element Ereignis. Ein Ereignis hat einen klaren Gegenwartsbezug. Im optimalen Fall wird das Eintreten eines Ereignisses in Echtzeit vom SCEM erkannt und über das Informationssystem weitergegeben. Der Schwerpunkt des SCEM liegt auf der Analyse der Ereignisse und der Reaktion darauf. Es werden vornehmlich die Ausführungsprozesse des SCE überwacht, mit starker Anbindung und intensivem Informationsaustausch zu den Planungsprozessen, den Elementen des SCP. Das SCEM übernimmt demnach eine koordinierende und steuernde Funktion für das SCE und ist zusätzlich das Bindeglied zwischen SCP und SCE. Es intensiviert den Informationsaustausch zwischen den beiden Komponenten und schließt somit die Lücke zwischen SCP und SCE. Diese positive Funktion des SCEM wird in Abbildung 3 veranschaulicht. Sie zeigt nochmals deutlich, dass das SCEM nicht koordinierend über dem SCP und SCE angesiedelt ist, sondern als vermittelndes Element die Lücke zwischen der Planungs- und Ausführungsebene schließt.

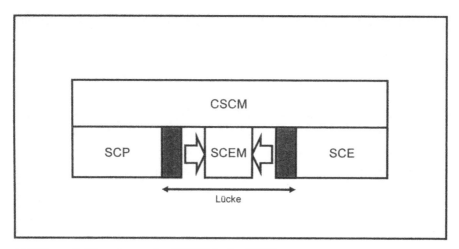

Abbildung 3: Einordnung des SCEM in das SCM

Das CSCM führt in Verbindung mit dem SCEM, neben der Schließung der Lücke zwischen SCP und SCE, zur Reduzierung eines negativen Effektes, dem Bullwhip-Effekt (3.3.4). Dieser ist in der SCM-Literatur oft zu finden und wird aufgrund seiner schwerwiegenden, negativen Folgen immer wieder thematisiert.

3.3.4 CSCM und der Bullwhip-Effekt

Die Sinnhaftigkeit der kollaborativen Zusammenarbeit wird an dem Bullwhip-Effekt besonders deutlich. Dieser Effekt „beschreibt das Aufschaukeln einer ursprünglich konstanten Endkundennachfrage über die einzelnen Stufen der Supply Chain im Falle einer geringen initialen Veränderung der Endkundennachfrage" (Busch, Dangelmaier u.a. 2003, S. 30). Die ursprünglich vom Endkunden nachgefragte Menge steigt an, je weiter sie innerhalb der Supply Chain stromaufwärts weitergereicht wird. Mit stromaufwärts ist die Richtung vom Endkunden über Großhändler, Hersteller bis hin zum Zulieferer gemeint. Dieses Phänomen ist selbst dann zu beobachten, wenn die Nachfrage des Endkunden konstant bleibt (Stadtler und Kilger 2002, S. 21).

Die Ursache hierfür liegt in der mangelnden Transparenz der Informationen in Bezug auf die gesamte Supply Chain. Den einzelnen Unternehmen der Wertschöpfungskette stehen nur unzureichende Informationen zu Absatzprognosen aller Mitglieder der Supply Chain zur Verfügung. Wenn jedes Unternehmen der Kette seine Absatzprognose nur auf der Basis der Informationen des ihm vorgelagerten Unternehmens fällt, dann „steigt aufgrund der sinkenden Datenqualität mit jeder Prognose der Prognosefehler" (Busch, Dangelmaier u.a. 2003, S. 30). Hinzu kommt die menschliche Eigenschaft, bei einem kurzfristigen Ansteigen der Auftragseingänge zu unverhältnismäßig starken Reaktionen zu neigen (Stadtler und Kilger 2002, S. 22). Der Mitarbeiter geht davon aus, dass in naher Zukunft weitere Aufträge folgen werden und gibt daher überhöhte Absatzerwartungen an die ihm vorgelagerte Stufe weiter. Der Bullwhip-Effekt ist die Folge. Wie die Abbildung 4 zeigt, nimmt die Nachfragekurve immer größere Ausschläge nach oben an, je weiter man sich in der Supply Chain stromaufwärts bewegt.

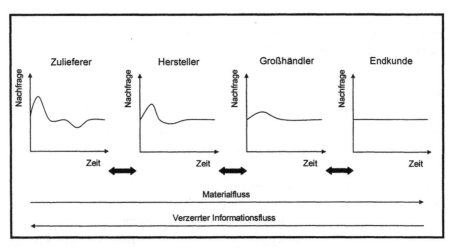

Abbildung 4: Schematische Darstellung des Bullwhip-Effekts

(In Anlehnung an: Dangelmaier, Busch u.a. 2002, S. 30)

Die wichtigste Maßnahme, dem Bullwhip-Effekt entgegenzuwirken, ist die Orientierung aller Bestellvorgänge an der Endkundennachfrage (Stadtler und Kilger 2002, S. 24). Jedes Mitglied der Supply Chain, vom Einzelhändler bis hin zum Hersteller, orientiert sich nicht an den jeweiligen vorgelagerten Stufen, sondern ausschließlich an den nachgefragten Mengen des Endkunden. Im ungünstigsten Fall kennt nur der Einzelhändler diese Menge. Das Ziel muss sein, dass sämtliche Mitglieder der Wertschöpfungskette über die Endkundennachfrage exakt informiert sind. Dies setzt ein hohes Maß an Vertrauen voraus, da unternehmenssensitive Daten ausgetauscht und allen Supply Chain Partnern zur Verfügung gestellt werden. Das CSCM mit den Komponenten SCP und SCE zusammen mit SCEM ist ein Gestaltungsrahmen, der die unternehmensübergreifende Bereitstellung von Informationen zur Endkundennachfrage ermöglicht und fördert. Das CSCM schafft „über die gesamte Supply Chain Transparenz bezüglich der relevanten Planungs- und Steuerungsdaten" (Busch, Dangelmaier u.a. 2003, S. 30) und leistet so einen wichtigen Beitrag zur Reduzierung des Bullwhip-Effektes.

3.4 Architektur

Nach der Vorstellung der Konzeption des SCEM ist die Grundlage für die nähere Betrachtung der Architektur des SCEM gelegt. Die weiteren Ausführungen stellen die Komponenten (3.4.1) und die Funktionen (3.4.2) vor und machen deutlich, wie das SCEM die Informationsflut beherrschbar macht.

3.4.1 Komponenten

Das SCEM lässt sich in drei Grundkomponenten aufteilen (Steven und Krüger 2004, S. 183-186):

- Informationserhebung
- Informationsanalyse und –bewertung
- Aufbereitung und Auswertung

Diese Aufteilung kommt der Definition des SCEM, aufgestellt von Nissen, sehr nahe. Nissen weist die Aktivitäten Erfassen, Überwachen und Bewerten dem SCEM zu (Nissen 2002b, S. 431), die inhaltlich denen von Steven und Krüger (2004) entsprechen.

Die Informationserhebung beschreibt den Prozess der Informationsbeschaffung und stellt somit die Informationsquelle für das SCEM dar. Die Informationen können manuell oder automatisiert an das Informationssystem geliefert werden (Steven und Krüger 2004, S. 183-186). Kapitel 3.5 hat die verschiedenen Datenquellen zum Inhalt.

Die Informationsanalyse und –bewertung untersucht die vom Prozess der Informationserhebung gelieferten Daten anhand vordefinierter Kriterien und Abläufe. Ein wichtiges Ziel der Analyse und Bewertung der vorhandenen Informationen ist die

Entscheidung über das Vorliegen eines Ereignisses und der sich daraus ergebenden Reaktionen (Steven und Krüger 2004, S. 183-186).

Die Aufbereitung und Auswertung der durch das SCEM gesammelten Daten finden Eingang in ein *Datawarehouse* (DW) (Steven und Krüger 2004, S. 183-186), das „eine Datenbasis zur Informationsproduktion für Managementaufgaben" (Heinrich und Roithmayr 1998, S. 134) darstellt und „Komponenten zur Datentransformation und – auswertung umfasst" (Heinrich und Roithmayr 1998, S. 134). Das Ziel eines DW ist die Lieferung von „right information at the right time" (Stadtler und Kilger 2002, S. 218f). Das DW stellt dem Benutzer unter anderem die Funktion zur Verfügung, aus den gespeicherten Daten Kennzahlen zu bilden. „Kennzahlen sind quantitative Daten, die [..] über zahlenmäßig erfassbare betriebswirtschaftliche Sachverhalte informieren sollen" (Klaus und Krieger 2000, S. 228). Es haben sich spezielle Kennzahlen zur Messung der Leistungsfähigkeit einer Supply Chain herausgebildet, den sogenannten *Key Performance Indicators* (KPI). Sie zeigen Leistungsschwächen in der Supply Chain auf und verbessern die Kommunikation der Supply Chain Partner untereinander (Stadtler und Kilger 2002, S. 36). Ein Beispiel für eine KPI ist die durchschnittliche Lieferzeit. Die Lieferzeit „ist die Zeit zwischen der Auftragserteilung des Kunden und dem Zeitpunkt der Verfügbarkeit der Ware beim Kunden" (Eversheim und Schuh 1999, S. 15-81).

Der Faktor Zeit teilt die drei Grundkomponenten des SCEM in zwei Gruppen. Die Informationserhebung, -analyse und –bewertung ist auf die Gegenwart bezogen. Im optimalen Fall werden diese Vorgänge in Echtzeit durchgeführt. Die Aufbereitung und Auswertung hingegen hat einen historischen Zeitbezug. Im DW werden vergangene Daten gespeichert. Das DW ist das Gedächtnis der Supply Chain (Stadtler und Kilger 2002, S. 218).

Die drei Komponenten haben eines gemeinsam: Sie beschäftigen sich alle mit dem Informationsfluss der Supply Chain – dem Schwerpunkt dieses Buches. Diesen drei Grundkomponenten des SCEM lassen sich fünf Funktionen zuweisen, die ein voll-ständiges SCEM-System zur Verfügung stellen sollte (Wieser und Lauterbach 2001, S. 65).

3.4.2 Funktionen

Die fünf Funktionen sind

- Überwachen
- Melden
- Simulieren
- Steuern und
- Messen (Steven und Krüger 2004, S. 183)

Die Vorgänge Überwachen und Melden bilden den „innovativen Kern" (Nissen 2002a, S. 478) des SCEM. Diese Funktionalitäten werden vom SCEM-System selbst geleistet. Die Funktionen Simulieren, Steuern und Messen werden von anderen Einheiten des Informationssystems umgesetzt und ausgeführt. Das SCEM-System stellt wohldefinierte Schnittstellen zur Verfügung, über die die Daten zu den entsprechenden Funktionseinheiten weitergeleitet werden können. Damit wird eine Kommunikationsplattform geschaffen, die es ermöglicht, unterschiedliche Datenformate und Informationen untereinander auszutauschen.

Die Funktion Überwachen ist der Komponente Informationserhebung zugeordnet und überwacht in Echtzeit die relevanten Prozesse und Objekte der Supply Chain (Steven und Krüger 2004, S. 183ff), die in einer dem Einsatz des SCEM-Systems vorausgehenden Analyse und Auswahl bestimmt werden (4.2.2). Die Beschränkung der zu überwachenden Prozesse auf die für das SCEM relevanten Vorgänge ist eine erste Eingrenzung der Komplexität und der daraus hervorgehenden Informationsflut der Supply Chain.

Datenlieferant für die Funktion Überwachen ist das T&T. Das T&T liefert Statusmeldungen über logistische Einheiten und Objekte an das SCEM. Die Datenlieferung für das T&T ist entweder manueller Art oder erfolgt automatisiert. Im Einsatz befindliche, moderne T&T-Systeme nutzen zunehmend die RF Technologie (siehe Kapitel 3.5.2) und sorgen so dafür, dass den Entscheidungsträgern in der Supply Chain Informationen in Echtzeit zur Verfügung gestellt werden. Die über die T&T-Systeme gesammelten Statusmeldungen werden über die Kommunikationskanäle des Informationssystems verteilt und zunächst von den Systemen der Supply Chain Partner lediglich registriert. Die Benutzer des Informationssystems bekommen zu diesem Zeitpunkt noch keine Meldungen über den Eingang der Statusinformationen. Erst das Auftreten eines Ereignisses würde eine Reaktion und gegebenenfalls eine Meldung an die Benutzer auslösen. Die T&T-Systeme spielen eine wichtige Rolle als Datenlieferant für das SCEM. Man spricht in diesem Zusammenhang dem T&T die Rolle als sogenannter *Enabler* zu. Der Begriff *Enabler* hat sich herausgebildet, da es letztlich Statusmeldungen sind, die Folgeaktivitäten in der Supply Chain aktivieren (Bretzke, Stölzle u.a. 2002, S. 33f). Aus der Funktion des Datenlieferanten für das SCEM ergibt sich, dass T&T-Systeme nicht durch SCEM-Systeme ersetzt werden. Sie bleiben als bedeutende Komponente des SCEM bestehen.

Die Funktionen Melden, Simulieren und Steuern gehören zur Komponente Informationsanalyse und –bewertung. Der Vorgang Melden trifft auf der Grundlage der vorangegangenen Funktion und deren Ergebnis eine Entscheidung, ob ein Ereignis vorliegt. Dabei wird ein Abgleich zwischen den gemeldeten Ist-Werten und den Soll-Werten vorgenommen (Steven und Krüger 2004, S. 183ff). Die Voraussetzung für den Abgleich ist neben einem mächtigen Informationssystem die Entwicklung und Definition der geplanten Soll-Werte, die gemäß der Planung zu erreichen sind (4.2.2).

Wenn ein Ereignis identifiziert wird, und nur dann, entscheidet das SCEM-System mit Hilfe eines Regelwerks, wie auf das Ereignis reagiert werden soll (Steven und Krüger 2004, S. 183ff). Das Ereignis wird in Abhängigkeit seiner Art bezüglich seiner Kritizität und Folgen bewertet (4.2.2). Im einfachsten Fall erhält der für den Prozess verantwortliche Mitarbeiter bzw. mehrere Mitarbeiter eine Nachricht über das eingetretene Ereignis. Sie enthält nur die für den verantwortlichen Mitarbeiter wirklich wichtigen Informationen, die er für weitere vom Ereignis abhängige Entscheidungen benötigt. Die Informationsflut wird daher deutlich reduziert. Zum einen werden ausschließlich Ereignisse gemeldet und nicht jede Statusmeldung, zum anderen wird der Umfang der Nachricht auf das Wesentliche reduziert. Das entspricht im Kern dem MbE (3.1.1).

Kommt das Regelwerk jedoch zu dem Schluss, dass das Ereignis eine erneute Planung notwendig macht, wird der Vorgang Simulieren angestoßen (Steven und Krüger 2004, S. 183ff). Dieser wird nicht von dem SCEM-System geleistet, sondern wird an eine andere Komponente des Informationssystems ausgelagert. Die Funktion Simulieren setzt die ereignisorientierte Planung (3.1.2) um. Ausgehend vom identifizierten Ereignis wird die Reaktion darauf in Form von Handlungsalternativen bestimmt. Dazu werden auf Basis der vorliegenden Daten Simulationen angestoßen, mit dem Ziel der Generierung von Handlungsalternativen. Diese komplexen Berechnungen werden von einem APS-System vorgenommen. Die Komplexität resultiert aus der großen Datenmenge, die in die Berechnung einfließt, aus der hohen Anzahl der zu berücksichtigenden Einflussvariablen (Stadtler und Kilger 2002, S. 58f) und der Vielzahl an Soll-Werten, die in vorher definierten Regeln dynamisch vom System in Abhängigkeit vom Ereignis mit den Ist-Werten in Beziehung gesetzt werden (Steven und Krüger 2004, S. 138ff). Die größte Herausforderung an ein APS-System ist der Umgang mit der Unsicherheit. Die Planung macht Aussagen über zukünftige Aktivitäten und Ereignisse, deren Eintritt nicht sicher ist. Es muss daher berücksichtigt werden, dass die Pläne nicht für die Ewigkeit gemacht sind. Sie müssen immer wieder überprüft und gegebenenfalls neu angepasst werden (Stadtler und Kilger 2002, S. 59). Ein effizienter Weg, dieser Herausforderung gerecht zu werden, ist die ereignisorientierte Planung. Dabei wird die Planung bei Auftreten eines außergewöhnlichen und kritischen Ereignisses neu angestoßen (3.1.2). Die ermittelten Handlungsalternativen als Reaktion auf das eingetretene Ereignis werden analysiert, bewertet und den verantwortlichen Mitarbeitern weitergeleitet. Das Konzept sieht zudem die Möglichkeit vor, dass das SCEM-System selbständig und automatisch die Handlungsalternativen durchführt.

Die Funktion Steuern übernimmt die Ausführung der Handlungsalternativen (Steven und Krüger 2004, S. 138ff). Nach der Übergabe der Daten an den SCE-Prozess obliegen die Objekte und Prozesse wiederum der Funktion Überwachen des SCEM-Systems. Der Kreislauf schließt sich.

Die Funktion Messen bereitet die gesammelten Daten gemäß der Vorgaben, die im SCEM-System definiert sind, auf und gibt sie an das DW zur Messung der Leistungsfähigkeit der Supply Chain weiter. Dies ermöglicht die Archivierung der aufgetretenen Ereignisse und ist die Basis für Analyse und Verbesserung der Supply Chain Prozesse (Steven und Krüger 2004, S. 138ff).

Das Zusammenspiel der fünf erläuterten Funktionen veranschaulicht Abbildung 5. Der SCEM-Server ist die Verbindungs- und Vermittlungsstelle zwischen den Funktionen. Dort laufen die Daten zusammen. Dies macht deutlich, dass das SCEM ein zentral organisiertes Informationssystem darstellt (3.3.2).

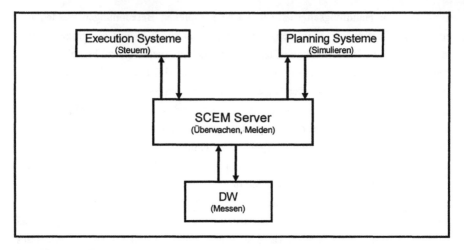

Abbildung 5: Zusammenspiel der fünf Funktionen des SCEM

(In Anlehnung an: Nissen 2002a, S. 478)

Die fünf Funktionen Überwachen, Melden, Simulieren, Steuern und Messen zeigen eine wesentliche Eigenschaft des SCEM, die es von reinen T&T-Systemen abgrenzt: die Proaktivität. Entsprechend der im Kapitel 3.3.2 entwickelten Klassifikation der T&T-Systeme, weist man dem SCEM einen aktiven Aktivitätsgrad zu. Das im Internet abrufbare Wörterbuch *Webster* übersetzt *proactive* mit „acting in anticipation of future problems, needs, or changes" (o.V. o.J., b). Das entspricht der grundsätzlichen Vorgehensweise des SCEM. Der Anwender wird proaktiv, selbständig und ohne eigenes Zutun auf kritische Vorfälle in der Supply Chain aufmerksam gemacht. Er muss sich die Informationen nicht eigenständig aus dem Informationssystem holen, sondern bekommt sie ausgewählt, aufbereitet und auf das Notwendigste reduziert zur Verfügung gestellt. Das trägt dazu bei, dass mögliche zukünftige Probleme gar nicht erst auftreten. Zudem ist das System wie bereits dargestellt in bestimmten und vorher festgelegten Situationen in der Lage, eigenständig und automatisiert Reaktionen auf Ereignisse einzuleiten. Die fünf Funktionen können nur arbeiten, wenn ihnen Daten zur Verfügung gestellt werden. Die Bereitstellung von Daten an das SCEM erfolgt über verschiedene Arten, die das folgende Kapitel (3.5) beschreibt.

3.5 Datenquellen

Das SCEM bedient sich zweier unterschiedlicher Arten der Dateneingabe. Die Daten gelangen entweder manuell oder automatisiert in das Informationssystem (3.5.1). RFID ist eine zukunftsträchtige Identifikationstechnologie und ist insbesondere als Datenquelle für das SCEM interessant. Sie lässt sich der automatisierten Dateneingabe zuordnen (3.5.2).

3.5.1 Arten der Dateneingabe

Bei der manuellen Dateneingabe werden die Statusmeldungen zu einer logistischen Einheit von einem Mitarbeiter dem Informationssystem zugeführt. Beispielsweise trifft ein bestellter Rohstoff im Wareneingangsbereich einer Produktionsstätte ein. Der Mitarbeiter bestätigt den Eingang der Ware durch die manuelle Eingabe der Informationen zur Lieferung im Buchungssystem der Produktionsstätte. Ein anderes Beispiel ist die Meldung eines LKW-Fahrers, der in einen Stau geraten ist. Er meldet die sich daraus ergebende Lieferverzögerung an die Zentrale des Logistikdienstleisters per Mobiltelefon. Die dortigen Mitarbeiter geben diese Information manuell in das Informationssystem ein.

Die manuelle Dateneingabe hat den entscheidenden Nachteil, dass die Statusmeldung zeitlich verzögert das Informationssystem erreicht. Die Reaktion auf die Statusmeldung ist daher verspätet, und nachgelagerte Stufen in der Supply Chain werden nachträglich darüber informiert. Das kann gravierende Folgen haben, da die Supply Chains in den vergangenen Jahren eine verstärkte Verschlankung erfahren haben. Sicherheitsbestände zur Kompensierung nicht vorhersehbarer Schwankungen bezüglich der Rohstoffe und Produkte wurden auf ein Minimum zur Kostenreduktion zurückgefahren. Eine Verzögerung im Prozessablauf kann daher die gesamte Supply Chain in ein Ungleichgewicht bringen, wenn die am Prozess beteiligten Einheiten nicht rechtzeitig die notwendigen Informationen erhalten (Bretzke, Stölzle u.a. 2002, S. 30).

Die automatisierte Dateneingabe hingegen liefert Informationen in Echtzeit. Sie bedient sich verschiedener automatisierter Identifikationstechnologien, die sich unter dem Begriff Auto-ID zusammenfassen lassen. „Aufgabe und Ziel der Auto-ID ist die Bereitstellung von Informationen zu Personen, Tieren, Gütern und Waren" (Finkenzeller 2002, S. 1). Darunter fallen biometrische Verfahren, Chipkarten, optische Klarschriftleser, Barcodes und RF/RFID. Biometrische Verfahren dienen der Identifikation von Personen anhand unverwechselbarer und individueller Eigenschaften. Chipkarten sind elektronische Datenspeicher, die auf einer Plastikkarte integriert sind und die Form einer Kreditkarte haben (Finkenzeller 2002, S. 2). Die drei übrigen Technologien sind vergleichsweise weiter verbreitet und werden für das T&T bzw. SCEM eingesetzt (Bretzke, Stölzle u.a., 2002, S. 10). Die weiteren Ausführungen konzentrieren sich daher auf diese Technologien, wobei der Schwerpunkt auf RF/RFID liegt.

Die optischen Klarschriftleser werden auch unter dem Begriff *Optical Character Recognition* (OCR) diskutiert. Dabei werden Zeichen und Ziffern mit Hilfe optischer Erkennungsgeräte identifiziert. Der OCR verfügt über eine hohe Informationsdichte (Finkenzeller 2002, S. 3). Die Informationsdichte beschreibt den Informationsgehalt in Bezug auf das zur Verfügung stehende Platzangebot. D.h. OCR nutzt das Platzangebot zur Speicherung von Informationen besonders gut. Ein weiterer Vorteil besteht darin, dass die Informationen manuell abgelesen werden können, falls die automatische Erkennung ausfällt oder eine Kontrolle notwendig ist. Die Lesegeräte haben jedoch einen im Vergleich zu Barcode-Systemen oder RF/RFID sehr hohen Preis, was eine geringe flächendeckende Verbreitung zur Folge hat (Finkenzeller 2002, S. 4). Zudem ist die Technologie gegenüber Schmutz sehr anfällig (Bretzke, Stölzle u.a. 2002, S. 10). OCR wird vorwiegend in der Produktion, in Dienstleistungs- und Verwaltungsbereichen und bei Banken eingesetzt (Finkenzeller 2002, S. 3).

Barcode-Systeme haben in den letzten Jahren eine weite Verbreitung erfahren. „Der Barcode ist ein Binärcode aus einem Feld von parallel angeordneten Strichen (engl. Bars) und Trennlücken" (Finkenzeller 2002, S. 2). Ein optischer Laser tastet die systematische Anordnung von Strichen und Lücken ab und dekodiert die darin analog gespeicherten Daten (Finkenzeller 2002, S. 2). Der erste alphanumerische Barcode wurde 1975 entwickelt, der sogenannte *Code 39*. Mit diesem Code lassen sich bis zu 52 Zeichen verschlüsseln. In den Folgejahren haben sich weitere Codes herausgebildet, die sich vor allem durch eine höhere Anzahl der verschlüsselbaren Zeichen hervorheben. Der *Code 128* ist eine solche Weiterentwicklung und ist in der Lage, 252 alphanumerische Zeichen darzustellen. Code 39 und Code 128 sind gerade im Bereich der Logistik besonders weit verbreitet und sind daher für den Einsatz im T&T attraktiv. Barcodes bieten den Vorteil eines kostengünstigen Datenträgers, mit dessen Hilfe

Daten schneller, bequemer und fehlerfreier als bei OCR-Systemen erfasst und gelesen werden (Bretzke, Stölzle u.a. 2002, S. 10).

Die neueste Entwicklung auf dem Gebiet der Identifikationstechnologien ist die RFID-Technologie, die im nächsten Abschnitt (3.5.2) näher betrachtet wird.

3.5.2 Radio Frequency Identification

RF ist der technische Vorläufer von RFID und ermöglicht den Austausch von Daten über Radiowellen und eignet sich für die schnurlose Datenübertragung über das Medium Luft. Es existieren verschiedene Geräte, die sich dieser Technologie bedienen: Mobiltelefone, Barcodescanner, Rundfunk- und Fernsehstationen oder Satellitenkommunikationssysteme (o.V. o.J., c). Mobile Barecodescanner kombinieren die Technologien Barcode und RF. Der Scanner liest den Barcode ein, dekodiert die darin enthaltenen Daten und überträgt sie über RF an ein angebundenes Informationssystem. In einer Studie von KPMG, in der 53 Unternehmen bezüglich der eingesetzten Erfassungstechnologien befragt wurden, erreichten mobile Barcodescanner mit 67,9 Prozent den ersten Platz. Sie eignen sich aufgrund ihrer hohen Mobilität sehr gut für den Einsatz im Wareneingangslager (Bretzke, Stölzle u.a. 2002, S. 18; Finkenzeller 2002, S. 1-4).

Die RFID-Technologie basiert auf RF und besteht aus zwei Komponenten: Transponder und Erfassungsgerät. Der Transponder ist der Datenträger des RFID-Systems. Auf ihm werden Informationen digital gespeichert - im Gegensatz zur analogen Speicherung bei Barcodesystemen. Der auf dem Transponder befindliche Speicherchip ist wiederbeschreibbar. Der Austausch der Informationen zwischen Transponder und Erfassungsgerät erfolgt über Radiowellen. Dabei ist kein Sichtkontakt zwischen beiden Geräten notwendig; zudem können mehrere Transponder gleichzeitig gelesen werden. Das Erfassungsgerät verfügt in der Regel über eine Schnittstelle zum Informationssystem, das die Daten entgegennimmt und weiterverarbeitet (Bretzke, Stölzle u.a. 2002, S. 11f; Finkenzeller 2002, S. 7ff).

Es gibt aktive und passive Transponder. Die aktiven Transponder verfügen über eine eigene Energiequelle, sodass sie selbst eine Verbindung zum Erfassungsgerät aufbauen können, sofern sie sich in seinem Aktionsbereich befinden. Die passiven Transponder haben hingegen keine eigene Energiequelle und werden über das Erfassungsgerät mit

Energie versorgt. Damit ein Datenaustausch möglich ist, müssen sich die passiven Transponder in unmittelbarer Nähe – in der Regel weniger als einen Meter – des Erfassungsgeräts befinden. Die aktiven Transponder können in Abhängigkeit von bestimmten Bedingungen und externen Störfaktoren im Vergleich zu passiven Transpondern weiter vom Lesegerät entfernt sein. Die Größe des Aktionsbereiches ist beispielsweise von der Position des Transponders relativ zum Lesegerät oder der Anzahl und Position anderer Transponder abhängig. Elektromagnetische Schwankungen oder Temperaturschwankungen können als externe Störfaktoren auftreten (Finkenzeller 2002, S. 6-8).

Weiterhin werden die Transponder in *Read-Only* und *Read-Write* unterteilt. Bei ersteren wird bereits bei der Produktion die entsprechende Information auf dem Speicherchip gespeichert und kann nicht mehr verändert werden. Weitaus attraktiver, weil flexibler einsetzbar und für heutige logistische Anforderungen unabdingbar, sind die Read-Write Transponder, die wiederbeschreibbar sind (Finkenzeller 2002, S. 6-8).

Smart Tags bzw. Smart Labels bilden eine weitere Art der Transponder. Smart Labels können in einer hohen Stückzahl produziert werden und zeichnen sich aufgrund dessen durch relativ niedrige Stückkosten aus. Die Entwicklung steht jedoch noch am Anfang. Die METRO Group, der weltweit fünftgrößte Handelskonzern, hat in einem Pilotprojekt den Einsatz der RFID-Technologie erfolgreich getestet und sich entschlossen, ab November 2004 RFID entlang der gesamten Prozesskette bei zunächst 100 Lieferanten, in 10 Zentrallagern sowie ungefähr 100 Märkten einzusetzen (METRO Group 2004, S. 1). Für den CIO der METRO Group ist RFID „eine der maßgeblichen Technologien für den Handel der Zukunft" (METRO Group 2004, S. 2). Smart Labels verfügen über einen weiteren Vorteil, da sie aufgrund ihrer flexiblen und dünnen Konstruktion eine kombinierte Anwendung von Barcode- und Transpondertechnologie ermöglichen (Bretzke, Stölzle u.a. 2002, S. 12; Finkenzeller 2002, S. 7ff).

Die RFID-Technologie bietet mit der Eigenschaft der Wiederbeschreibbarkeit und Wiederverwendbarkeit ein hohes Maß an Flexibilität in der Steuerung und Kontrolle logistischer Prozesse. Zusätzlich ermöglicht sie aufgrund der technischen Eigenschaften die Erfassung von Informationen in Echtzeit und beschleunigt somit die Prozesse in der Supply Chain. RFID gilt derzeit als sinnvolle Ergänzung zu den bisher aufgeführten Identifikationstechnologien. Diese beiden Vorteile werden trotz der derzeit relativ hohen Stückkosten und der daraus resultierenden geringen Verbreitung mittelbis langfristig dazu führen, dass sich die Technologie gegenüber den anderen Identifikationstechnologien durchsetzt, diese aber nicht vollständig ersetzen wird (Bretzke, Stölzle u.a. 2002, S. 3). AMR stellt in einer Veröffentlichung fest: RFID „can greatly enhance a supply chain's effectiveness and accuracy. [..] RFID technology will become economically viable for most product categories by 2005. In order for companies to obtain competitive advantage, they need to prepare their infrastructure today" (AMR Research 2002). "It will surround and permeate all industries" (AMR Research 2003). Die Ausführungen nähern sich dem technischen Kern und der softwaretechnischen Umsetzung des SCEM, die Inhalt des nächsten Abschnittes (3.6) ist.

3.6 Softwaretechnische Umsetzung der Kernfunktionen des SCEM

Zur Veranschaulichung und Vertiefung der dargestellten Konzeption und Architektur des SCEM wird die softwaretechnische Umsetzung der Kernfunktionen – Überwachen und Melden - anhand des *mySAP Event Managers 4.0* des Softwarehauses SAP vorgestellt. Im Folgenden ist mit dem Begriff *Event Manager* der mySAP Event Manager 4.0 gemeint. Die Auswahl der Softwarelösung des SCEM von SAP ist in Zusammenhang mit Kapitel 4 zu sehen, in dem der Einsatz von SCEM bzw. des Event Managers bei einem Automobilzulieferer modelliert und umgesetzt wird.

Die drei anderen Funktionen Simulieren, Messen und Steuern sind wichtige Bestandteile des SCEM, werden jedoch schon seit längerem von der SAP in anderen Modulen bereitgestellt (Nissen 2002b, S. 435). Daher beschränken sich die weiteren Ausführungen zu diesen Funktionen auf die Schnittstellen, die zwischen ihnen und den Kernfunktionen definiert werden. Zunächst sind einige begriffliche Grundlagen (3.6.1) zu klären, bevor dann auf die spezifische Architektur (3.6.2.) des Event Managers eingegangen wird.

3.6.1 Grundlagen

Die SAP verwendet vier zentrale Begriffe in der Realisierung des SCEM (SAP 2003a):

- Geschäftsprozess (bzw. Business Object)
- Applikationsobjekt
- Event-Handler
- Event

Ein Geschäftsprozess – SAP verwendet als Synonym den Begriff *Business Object* (SAP 2003a) - ist eine „Menge logisch miteinander verbundener, messbarer Tätigkeiten, die für die Schaffung eines spezifischen Ergebnisses für einen bestimmten Kunden oder Markt durchgeführt werden und die für den Unternehmenserfolg von wesentlicher Bedeutung sind" (Heinrich und Roithmayr 1998, S. 233). Beispiele für Geschäftsprozesse sind Warenbestellung, Produktionsplanung oder Warenlieferung. Jedem Geschäftsprozess ist eine Geschäftsprozessart zugeordnet. Aus allen in der Supply Chain vorkommenden Arten wird die für das SCEM relevante Untermenge der Geschäftsprozessarten bestimmt. Sie bilden das Hauptkriterium für ein Applikationssystem, um eine Zuordnung Applikationsobjektart – Event-Handler durchführen zu können (SAP 2003a). Im Folgenden ist bei der Verwendung des Begriffes Geschäftsprozessart die Untermenge der für das SCEM relevanten Prozesse gemeint.

Ein Applikationsobjekt bildet einen Geschäftsprozess, Geschäftsprozessabschnitte oder eine Kombination von Abschnitten ab. Beispielhaft sei für ein Applikationsobjekt eine Warenlieferung, der Vorgang der Beladung einer Palette oder die Palette selbst erwähnt. Auch bei Applikationsobjekten gibt es eine Klassifizierung über verschiedene Arten. Erst über die Applikationsobjektart und einer ihr zugeordneten Relevanzbedingung entscheidet ein Applikationssystem im realen Geschäftsprozessablauf, ob ein Applikationsobjekt für das SCEM relevant ist oder nicht. Die Entscheidung über die SCEM Relevanz wird nicht im Event Manager getroffen, sondern im jeweiligen Applikationssystem. Ein Applikationssystem kann zum Beispiel ein DW oder ein APS-System sein. Die Geschäftsprozesse, -arten, Applikationsobjekte und –arten sind in den Applikationssystemen und im Event Manager mit identischem Inhalt definiert. Die SCEM-Lösung von SAP bietet die Möglichkeit, die Definition zentral im Event Manager vorzunehmen und dann die Daten an die angeschlossenen Applikationssysteme zu verteilen (SAP 2003a).

Der Event-Handler ist ein zentrales Informationsobjekt im Event Manager. Er enthält alle für die Überwachung notwendigen Informationen. Zu jedem SCEM relevanten Applikationsobjekt legt der Event Manager genau einen Event-Handler an. Die Entscheidung über die Relevanz eines Applikationsobjektes wird über eine Relevanzbedingung vollzogen (SAP 2003a).

Ein Event nach der Definition von SAP ist „ein Vorfall der passiert ist" (SAP 2003a). Jedes geplante oder ungeplante Ereignis in der Supply Chain, das dem Event Manager in Form von Daten übermittelt wird, entspricht gemäß dieser Definition einem Event. Die Daten werden automatisiert oder manuell dem Event Manager gemeldet. Beispiele für Events sind Produktionsbeginn, Ausfall einer Maschine in der Produktion, Meldung des Warenausganges oder Ankunft des Produktes beim Kunden. Die SAP leitet aus der Definition vier Ereignisarten ab: reguläre, überfällige, unerwartete und nicht gemeldete Events (SAP 2003a). Reguläre Events finden gemäß den Planvorgaben statt. Die Bedeutungen der drei anderen Eventarten entsprechen den Erläuterungen in Kapitel 3.3.2.

Ein Event entsteht demnach nicht nur bei Über- oder Unterschreitung der geplanten Toleranzzone, sondern bei jedem für den Event Manager relevanten Vorfall in der Supply Chain. Der Begriff Event wird hierbei im Sinne von Statusmeldungen des T&T verwendet. Daraus ergibt sich, dass diese Definition im Vergleich zur Definition von Steven/Krüger (3.3.2) weitreichender ist. Sie folgt nicht der Grundidee des SCEM, das Volumen der gemeldeten Ereignisse entlang der Supply Chain zu reduzieren und so die Informationsflut einzugrenzen. Allerdings ist der Hinweis notwendig, dass dies eine Ungenauigkeit in der von SAP gemachten Definition eines Ereignisses ist – Die Praxis unterscheidet sich von dieser Definition. Denn der Event Manager stellt die Möglichkeit zur Verfügung, bestimmte Konfigurationen vorzunehmen, sodass lediglich Events im Sinne des Kapitels 3.3.2 gemeldet werden (SAP 2003a).

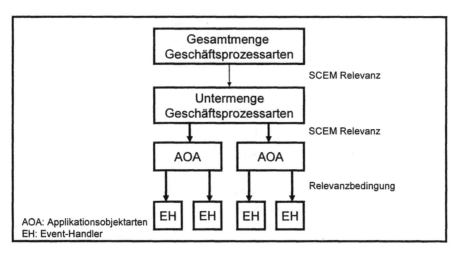

Abbildung 6: Ableitung der Event-Handler

Abbildung 6 fasst den Inhalt des Kapitels zusammen und stellt in der Übersicht die Ableitung der Event-Handler aus der Gesamtmenge der Geschäftsprozessarten dar. Mit Hilfe der Begriffe Geschäftsprozesss, Applikationsobjekt, Event-Handler und Event lässt sich die Architektur des Event Managers (3.6.2) darstellen.

3.6.2 Architektur des Event Managers

Der Event Manager von SAP hat zwei übergeordnete Funktionselemente: das *Application Interface* (AI) und den *Event Management Server*. Das AI dient der Kommunikation über wohldefinierte Schnittstellen zwischen Event Management Server und Applikationssystemen von SAP oder Fremdsystemen. Über das AI werden die SCEM-relevanten Daten der Applikationsobjekte dem Event Management Server zugeführt (Abbildung 7) (Nissen 2002b, S. 435f).

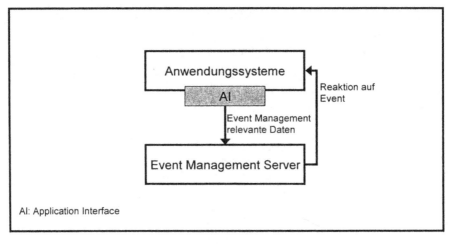

Abbildung 7: Application Interface (AI)

(In Anlehnung an: Nissen 2002b, S. 436)

Der Event Management Server setzt die Kernfunktionen Überwachen und Melden mit folgenden vier zentralen Komponenten um (Nissen 2002b, S. 436f):
- Event Input Processor
- Event Controller
- Rules Processor
- Expected Events Monitor

Der *Event Input Processor* und der *Event Controller* übernehmen die Kernfunktion Überwachen, der *Rules Processor* und der *Expected Events Monitor* die Kernfunktion Melden (Nissen 2002b, S. 436f).

Der Event Input Processor nimmt die Daten der eingehenden Applikationsobjekte in einem ersten Prozessschritt entgegen und überprüft dann, ob deren Datenstruktur den Vorgaben entspricht. Es kann vorkommen, dass einzelne Datenbezeichner nicht mit denen im Event Manager hinterlegten Bezeichnern übereinstimmen. In diesem Fall werden die Daten über eine sogenannte Mapping-Funktion in die korrekten Datenbezeichner umgewandelt. Im letzten Prozessschritt werden die eingegangenen Applikationsobjekte mit den aktiven Event-Handlern anhand der Geschäftsprozessart und einer eindeutigen Identifikationsnummer in Beziehung gesetzt (Nissen 2002b, S. 436f; SAP 2003a).

Der Event Controller verarbeitet die validierten und evtl. angepassten Applikationsobjekte des Event Input Processors. Seine Aufgabe ist die Erzeugung, Änderung und Löschung von Event-Handlern. Ein Event-Handler wird erzeugt, wenn er noch nicht existiert; geändert, wenn eine Änderung seines Status eingetreten ist; gelöscht, wenn der dem Event-Handler zugeordnete Geschäftsprozess abgeschlossen ist. Zusätzlich kann der Event Controller bestimmte Event-Handler deaktivieren und aktivieren. Er leitet die Daten der Event-Handler an den Expected Events Monitor und an den Rules Processor weiter (Nissen 2002b, S.436f; SAP 2003a).

Der Rules Processor ist in der Lage, die im Event Manager hinterlegten Regeln auf einen Event-Handler anzuwenden. In einem Regelwerk ist definiert, wie der Event Manager auf einen gemeldeten oder nicht-gemeldeten Event reagieren soll. Das Regelwerk besteht aus einzelnen Prozessschritten, die nacheinander abgearbeitet werden. Im Rules Processor findet neben anderen Vorgängen der eigentliche Abgleich zwischen Soll- und Ist-Werten statt. Das Regelwerk legt fest, wie die Reaktion auf das Ergebnis des Abgleichs aussieht. In Abhängigkeit des Ergebnisses werden positive oder negative Ereignisse in Form von Warnmeldungen bzw. Statusmeldungen über das AI an die angeschlossenen Applikationssysteme weitergeleitet. Zudem kann bei Eintreten eines bestimmten Ereignisses eine Regel aktiviert werden, die eine neue Planung anstößt und die relevanten Daten an das APS-System weitergibt. Auch können Regeln definiert werden, die zu festgelegten Zeitpunkten die Extraktion bestimmter Datenstrukturen zur Leistungsmessung an das DW veranlassen. Die Konzeption des Event

Managers gibt dem Anwender bei der Definition von Regeln und der Reaktion auf Events einen großen Gestaltungsspielraum. Die Gestaltungsmöglichkeiten reichen so weit, dass der Rules Processor selbständig und automatisiert Reaktionen auf einen eingetretenen Event durchführt (Nissen 2002b, S. 436f; SAP 2003a).

Der Expected Events Monitor sammelt die Daten der eingehenden Event-Handler, bereitet sie auf und stellt sie dem Anwender in Form einer graphischen Oberfläche zur Verfügung. Der Anwender erhält so einen Überblick über den Status der aktiven Event-Handler und kann detaillierte Informationen zu ihnen abrufen (Nissen 2002b; SAP 2002). Unter anderem werden die Abweichungen der tatsächlichen von den geplanten Werten mittels grafischer Symbole und Daten dem Anwender deutlich gemacht.

Das Zusammenspiel der vier Komponenten, die die Kernfunktionen Überwachen und Melden umsetzen, veranschaulicht folgende Abbildung 8.

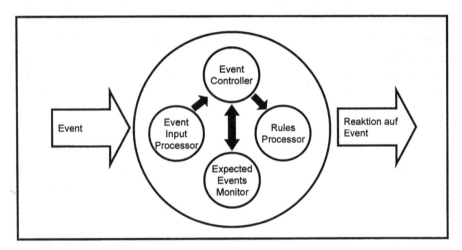

Abbildung 8: Zusammenspiel der vier Funktionen des Event Management Servers

(In Anlehnung an: Wieser und Lauterbach 2001, S. 65)

Mit Abschluss dieses Kapitels ist das SCEM hinsichtlich seiner Konzeption, Architektur und Implementierung vorgestellt. Damit kann auf einen bedeutenden Vorteil des

SCEM, der Eindämmung der Informationsflut, im nächsten Kapitel (3.7) eingegangen werden.

3.7 SCEM und die Informationsflut

Das zweite Ziel dieses Buches, auf welche Art und Weise das SCEM den Mitarbeiter von der auf ihn zukommenden Informationsflut entlastet und den Informationsfluss optimiert, kann nun in diesem Kapitel abschließend und zusammenfassend behandelt werden. Aus den bisherigen Ausführungen haben sich drei bedeutsame Eigenschaften des SCEM herauskristallisiert, die die Informationsflut wesentlich beeinflussen: unternehmensübergreifende Kommunikation, Transparenz und MbE.

Das SCEM bietet eine Kommunikationsplattform über unterschiedliche heterogene Systemlandschaften hinweg und schafft so die technische Voraussetzung zum Austausch von Daten und Informationen. Medienbrüche, die die kollaborative Zusammenarbeit in Planung und Steuerung der Supply Chain empfindlich stören und erschweren, werden mit Hilfe des SCEM beseitigt. Die Informationsflüsse entlang der Supply Chain werden effizient, strukturiert und zielorientiert gesteuert. Die Funktionen des SCEM geben dem Unternehmen ein Instrumentarium an die Hand, das die Flut an Informationen beherrschbar und steuerbar macht.

Darauf aufbauend schafft das SCEM erhöhte Transparenz über die Material- und Informationsflüsse in der Supply Chain. Ein Supply Chain Prozess stellt sich nicht mehr wie eine Blackbox dar, dessen tatsächlicher Verlauf verdeckt bleibt. Die einzelnen Prozessschritte und deren Ergebnisse werden sichtbar. Ein einzelnes Unternehmen hat den Überblick über den gesamten Prozess entlang der Supply Chain und ist mit Hilfe des Informationssystems über den Fortschritt des Prozesses detailliert informiert. Im optimalen Fall werden diese Informationen auf der Grundlage der RFID Technologie in Echtzeit zentral vom SCEM-System gesammelt, aufbereitet und über definierte Informationskanäle den Supply Chain Partnern zur Verfügung gestellt. Auf diese Art und Weise bleiben selbst komplexe Strukturen und Prozessverläufe überschaubar und kontrollierbar. Dies hat eine weitere positive Auswirkung. Das Auftreten des folgenreichen Bullwhip-Effekts wird aufgrund der höheren Transparenz verhindert oder zumindest geschmälert.

Die unternehmensübergreifende Kommunikationsplattform und die erhöhte Prozesstransparenz sind die Basis für die erfolgreiche Implementierung des Führungskonzeptes MbE. Das SCEM setzt MbE konsequent um. Die Idee des MbE ist der entscheidende Faktor zur Reduzierung der auf die einzelnen Unternehmen und ihre Mitarbeiter hereinbrechenden Informationsflut. Das SCEM Konzept beinhaltet einen zweistufigen Filterungsprozess. Dieser verringert deutlich die Menge an Informationen, die die Mitarbeiter erreicht. Die erste Stufe filtert die Informationen heraus, die nicht SCEM-relevant sind. Die in Kapitel 3.6.1 definierte Untermenge der Geschäftsprozessarten und ihre Applikationsobjekte bleiben übrig. Das SCEM überwacht ausschließlich diese Geschäftsprozesse und deren Applikationsobjekte. Bei der zweiten Stufe der Filterung fallen die Informationen zu Prozessschritten heraus, die gemäß der Planung erfolgt sind und daher keine Reaktion des Mitarbeiters erfordern (3.3.2). Die Informationsflut hat sich nach der zweiten Stufe auf Ereignisse reduziert, also auf kritische Vorfälle in den Prozessen, die nicht entsprechend der Planung aufgetreten sind. Zudem informiert das SCEM nicht alle Mitarbeiter der angebundenen Unternehmen der Supply Chain über die aufgetretenen Ereignisse. Es werden nur die Mitarbeiter informiert, die direkt oder indirekt davon betroffen sind oder auf das Ereignis mit adäquaten Maßnahmen zur Abwendung weiterer Folgen reagieren können. In vorher festgelegten Fällen reagiert das SCEM-System auf ein Ereignis selbständig und automatisiert, ohne menschliche Einflussnahme.

Dies hat zur Folge, dass die auf den Mitarbeiter einbrechende Informationsflut erheblich verringert wird. Er wird vom Alltagsgeschäft entlastet und kann seine zur Verfügung stehende Zeit für die Lösung wirklich kritischer Vorfälle in der Supply Chain nutzen. Die Konzentration des Mitarbeiters wird auf das Wesentliche gelenkt, wie Abbildung 9 nochmals verdeutlicht.

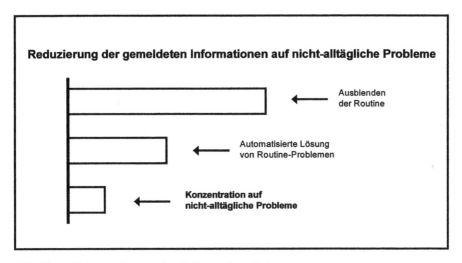

Abbildung 9: Reduzierung der Informationsflut

(In Anlehnung an: Otto 2001, Folie 6)

Das SCEM gibt dem Mitarbeiter die Möglichkeit, sich auf nicht-alltägliche und kritische Probleme zu konzentrieren. Der effizientere Umgang mit Informationsflut durch das SCEM macht dies möglich. Welche Rolle das SCEM in seiner Anwendung in der deutschen Automobilbranche spielt und seine Vorzüge im Umgang mit der Informationsflut entfalten kann, zeigt das nächste Kapitel 4.

4 SCEM in einem Modellunternehmen der Automobilzuliefererindustrie

Nach der Einordnung des SCEM in das SCM und der Darstellung der Merkmale, Funktionen und Vorteile des Konzeptes wird in diesem Kapitel eine branchenunabhängige Vorgehensweise zur Umsetzung des SCEM entwickelt (4.2.2). An die Integration des SCEM in das SCM werden bestimmte Anforderungen gestellt, die im Vorfeld zu klären und zu erfüllen sind. Sie betreffen die Selektion der SCEM-relevanten Objekte (Kapitel 4.2.1) und die Ausgestaltung der Prozesse des SCEM (Kapitel 4.2.2). Die Anforderungen gehen in das branchenunabhängige Konzept für den Einsatz des SCEM ein, das am Beispiel eines Modellunternehmens, einem Automobilzulieferer, umgesetzt wird (Kapitel 4.3). Dabei wird ein typischer Prozess aus der Automobilindustrie exemplarisch ausgewählt, modelliert und mit Hilfe der Softwarekomponente *mySAP Event Manager 4.0* von SAP implementiert (Kapitel 4.3.4). Abschließend wird am Ende des Kapitels der Nutzen des SCEM für die im Anwendungsfall beteiligten Unternehmen bestimmt (Kapitel 4.5). Das Kapitel beginnt mit einer Einführung in die Historie und aktuellen Trends der Automobilindustrie in Deutschland (4.1).

4.1 Automobilindustrie in Deutschland

Im Hinblick auf das Anwendungsbeispiel ist es sinnvoll, die historische Entwicklung der letzten Jahre (4.1.1) und aktuelle Trends der Automobilbranche in Deutschland (4.1.2) der Vorgehensweise zum praktischen Einsatz des SCEM voranzustellen. Zudem wird ausgehend von den aktuellen Entwicklungen in der Branche intensiv das Verhältnis und die Zusammenarbeit zwischen Automobilherstellern und seinen Zulieferern (4.1.3 und 4.1.4) durchleuchtet.

4.1.1 Historische Entwicklung

In den 90er Jahren des vergangenen Jahrhunderts hatte die Automobilindustrie mit einem drastischen Einbruch der Nachfragesituation zu kämpfen. Konjunkturelle, aber auch strukturelle Probleme waren der Grund für die stark angeschlagene Wettbewerbsposition der deutschen Automobilindustrie auf dem internationalen Markt. In diese Zeit fiel eine *Massachusetts Institute of Technology* (MIT)-Studie mit dem Titel *The Machine that changed the World*, die international mit großem Interesse aufgenommen wurde und die deutsche Automobilbranche rückblickend stark geprägt hat (Diez und Brachat, S. 69f). Die Ergebnisse der Studie lösten eine rege Diskussion über ein neues Management- und Produktionskonzept, der *Lean-Production* (LP), aus. Die dann folgenden einschneidenden Reorganisationen in der Automobilbranche waren geprägt von diesem neuen Konzept. An dieser Stelle kann nicht auf sämtliche Elemente des von den MIT-Forschern erstellten Leitbildes der LP detailliert eingegangen werden (Kieser und Walgenbach 2003, S. 367-370). Es seien jedoch drei wichtige Bestandteile benannt und kurz erläutert, die sich bis heute in den Unternehmen der Automobilbranche durchsetzen konnten: das *Null-Fehler-Prinzip*, die *Zuliefererintegration* und das *Null-Puffer-Prinzip* bzw. *Just-in-Time* (JiT)-Prinzip.

Im Mittelpunkt der LP steht die Gruppe, die für die Umsetzung der genannten Bestandteile verantwortlich ist und aus fünf bis zehn Arbeitern besteht. Damit die Gruppe dem Null-Fehler-Prinzip gerecht werden kann, bekommt sie die volle Qualitätsverantwortung übertragen. Falls sie die Erreichung des Null-Fehler-Zieles gefährdet sieht, hat sie jederzeit die Möglichkeit, die Produktion zu stoppen und notwendige Maßnahmen einzuleiten. LP zeichnet sich weiterhin durch eine im Vergleich zur Vergangenheit stärkere Integration der Zulieferer aus. Die Automobilhersteller beziehen die Zulieferer der ersten Stufe (Tier1-Zulieferer) in zunehmendem Maße in die Produktion und Entwicklung der Produkte mit ein und intensivieren die Zusammenarbeit mit ihnen. Die Zulieferer der zweiten Stufe (Tier2-Zulieferer) beliefern die Tier1-Zulieferer und haben keinen direkten Kontakt zum Hersteller. Die Tier2-Zulieferer können wiederum n weitere, ihnen vorgelagerte Zulieferer haben. Die Anlieferung der für die Produktion erforderlichen Teile erfolgt gemäß dem LP-Konzept nach dem JiT-Prinzip (Kieser und Walgenbach 2003, S. 367- 370), auf das in Kapitel 4.1.4 näher eingegangen wird.

Neben diesen strategisch-konzeptionellen Reorganisationsprozessen bestand die Reaktion der Automobilbranche vor allem zu Beginn der Konjunkturkrise aus einem massiven Abbau von Arbeitsplätzen und einem verstärkten Preisdruck auf die Zulieferer. Das Ziel waren Kosteneinsparungen zur Erreichung einer notwendigen Ertragswende. Der harte Umgang mit den Zulieferern belastete langfristig die bis dahin harmonischen Beziehungen zwischen Herstellern und Zulieferern (Diez und Brachat 2001, S. 70).

Die Maßnahmen im Rahmen der Reorganisationsaktivitäten der Automobilindustrie haben sich als erfolgreich erwiesen, wie das folgende Kapitel zeigt (4.1.2).

4.1.2 Aktuelle Situation und Trends

Die deutsche Automobilbranche konnte die Krise der Jahre 1992/93 bewältigen und hat ihre Wettbewerbsposition auf den internationalen Märkten behaupten können. Sie nimmt im Automobilbau mit einem Anteil von 17,1% an der Weltproduktion von Kraftfahrzeugen eine herausragende Position ein. Bezieht man die Fusionen in die Betrachtung mit ein, erreicht Deutschland sogar einen Anteil von 21,8%. Ein weiteres Indiz für die exponierte Stellung der deutschen Automobilbranche im internationalen Wettbewerb ist die Tatsache, dass DaimlerChrysler und Volkswagen bezüglich der abgesetzten Kraftfahrzeuge zu den weltweit sechs größten Automobilherstellern gehören (VDA 2003a, S. 233).

Ein wichtiger Grund für diesen Erfolg ist die Exportfähigkeit der deutschen Hersteller (VDA 2003a, S. 3). Die deutschen Automobilhersteller haben sich diese Exportfähigkeit mit einem guten Markenimage, einer hervorragenden Produktqualität, einem interessanten Produktportfolio zusammen mit einem gutem Service erarbeitet und gesichert (Diez und Brachat 2001, S. 102f). Die Exportquote von Kraftwagen der deutschen Hersteller konnte vor allem deswegen in den letzten Jahren auf über 70 Prozent im Jahr 2002 gesteigert werden. Abbildung 10 veranschaulicht diese Entwicklung und hebt gleichzeitig die zunehmende Abhängigkeit der deutschen Automobilbranche von der Nachfrage im Ausland hervor (VDA 2003a, S. 3). Parallel zur Absatzentwicklung hat sich die Produktion im Ausland 2003 im zehnten Jahr in Folge ausgeweitet (VDA 2003a, S.41).

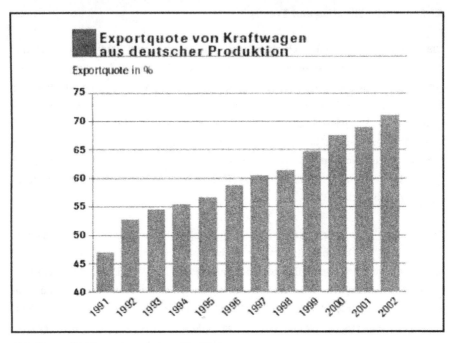

Abbildung 10: Exportquote von Kraftwagen

(Quelle: VDA 2003a, S. 15)

Betrachtet man die Verteilung des Gesamtabsatzes der weltweit hergestellten Kraftwagen, stellt man fest, dass ein überwiegender Teil in den etablierten Märkten der Triade Europa, USA und Japan abgesetzt wird (VDA 2003a, S. 230). Die Nachfragesituation auf diesen Märkten wird in den nächsten Jahren aller Voraussicht nach angespannt bleiben. Gleichzeitig eröffnet sich ein Wachstumspotential in den sogenannten *Emerging Markets* wie Südamerika, Osteuropa und Asien (Diez und Brachat 2001, S. 100; VDA 2003a, S. 59; Wolters, Landmann, u.a. 1999, S. 10f). „Die zukünftige Automobilindustrie wird wesentlich durch die Entwicklung der Märkte außerhalb der Triade geprägt sein" (VDA 2003a, S. 59).

Diese Entwicklung hat zwei Konsequenzen für die deutsche Automobilbranche. Erstens muss sie ihre Aktivitäten in den Emerging Markets verstärken und ihre Präsenz vor Ort, beispielsweise durch die Errichtung neuer Produktionsanlagen, erhöhen. Da die Märkte der Triade weitestgehend gesättigt sind, müssen neue Absatzmärkte zur Sicherung der Wettbewerbsfähigkeit erschlossen werden. Zweitens ist es in Bezug auf die Bedingungen in den Triade-Märkten erforderlich, das Produktangebot auf die individuellen und vielfältigen Kundenwünsche auszurichten. Dies führt zwangsläufig zu einer höheren Produktvielfalt. Zur Bewältigung der gesteigerten Komplexität kommen neue Herausforderungen auf die Hersteller und ihre Zulieferer zu. Sie müssen geeignete Maßnahmen auf der Produkt- und Prozessseite treffen (Diez und Brachat 2001, S. 104; Wolters, Landmann, u.a. 1999, S. 10f), die den veränderten Strukturen und Anforderungen des Marktes Rechnung tragen. Die durch LP geprägten Reorganisationsprozesse, die internationale Ausrichtung der Produktion und des Absatzes, und die zunehmende Produktvielfalt haben die Zusammenarbeit von Automobilherstellern und Zulieferbetrieben in Deutschland grundlegend verändert, wie auch der nächste Abschnitt zeigt (4.1.3).

4.1.3 Zusammenarbeit zwischen Automobilhersteller und -zulieferer

Im Mittelpunkt dieses Kapitels stehen die Varianten und Gestaltungsformen der Zusammenarbeit zwischen Automobilhersteller und ihren Zulieferern. Die Beziehungen zwischen Automobilherstellern und ihren Zulieferern waren vor der Krise 1992/93 durch informelle und persönliche Bindungen geprägt. Dies hat sich aufgrund der dargelegten wirtschaftlichen und strukturellen Veränderungen der Märkte in eine stärkere Formalisierung der Beziehungen gewandelt. Besonders der erhöhte Preisdruck, den die Hersteller auf die Zulieferer ausgeübt haben, drängte die Zulieferer in eine distanziertere und vorsichtigere Position. Gemeinsame schriftliche Vereinbarungen, wie der *VDA-Leitfaden für die Zusammenarbeit zwischen den Automobilherstellern und ihren Zulieferern vom 25. März 1999*, wurden für die Definition und Stabilisierung der Beziehungen auf einmal erforderlich (Diez und Brachat 2001, S. 79f). In der Präambel des Leitfadens definierte man die Grundlage der Geschäftsbeziehungen zwischen beiden Parteien als eine „partnerschaftliche, vertrauensvolle Zusammenarbeit, bei der Leistung, Gegenleistung und Risiken in einem ausgewogenen Verhältnis stehen" (VDA 2001b, S. 9). Der Leitfaden enthält rechtliche, technische und organisatorische Vereinbarungen, die jedoch lediglich als Orientierung dienen und die konkrete vertragliche Ausgestaltung nicht ersetzen. Im November 2001 wurde er durch eine Wiederauflage mit dem Titel *Gemeinsam zum Erfolg – Grundsätze zur Partnerschaft zwischen den Automobilherstellern und ihren Zulieferern* ins Gedächtnis gerufen (VDA 2001b, S. 9). Die Lieferantenprogramme und Lieferantenbewertungen sind weitere Anzeichen für die Zunahme des formellen Charakters der Zusammenarbeit. Die Lieferantenprogramme haben die Verbesserung von Qualität, Reduzierung der Kosten und die Pflege der vertrauensvollen Beziehung zwischen Hersteller und Zulieferer zum Inhalt. Die Lieferantenbewertungen analysieren und bewerten die Leistungsfähigkeit eines Zulieferunternehmens insgesamt und dessen Umfeld. Die stärkere Formalisierung hat der Intensität der Beziehungen nicht geschadet – ganz im Gegenteil. Die Zusammenarbeit zwischen Hersteller und Zulieferer hat sich in den vergangenen Jahren verstärkt (Diez und Brachat 2001, S. 80f).

Die Automobilhersteller übertragen vermehrt Verantwortung in den Bereichen Produktion und Entwicklung an die Zulieferer: „Rund 60 bis 70 Prozent der Gesamtleistung der Fahrzeughersteller sind Materialaufwendungen, nur rund ein Drittel der Wertschöpfung wird intern erbracht" (Wolters, Landmann u.a. 1999, S. 61). Ein Großteil der Wertschöpfung, ungefähr zwei Drittel, wird mittlerweile von den Automobilzulieferern geleistet. Während sie in der Vergangenheit vorwiegend Teile und Komponenten an die Hersteller geliefert haben, fungieren sie heute zunehmend als Lieferant ganzer Systeme bzw. Module (Diez und Brachat 2001, S. 73). Die Ursache liegt zum einen in der zunehmend hohen Modellvielfalt und –komplexität, die die Hersteller nicht mehr alleine leisten können, und zum anderen in der Notwendigkeit der Kostenreduktion, zu der die Hersteller im Zuge der angespannten Wettbewerbssituation auf den Märkten der Triade gezwungen sind (Wolters, Landmann u.a. 1999, S. 61). Hinsichtlich der relativen Entwicklungsleistung und der relativen Montageleistung können vier Zuliefertypen unterschieden werden (Abbildung 11).

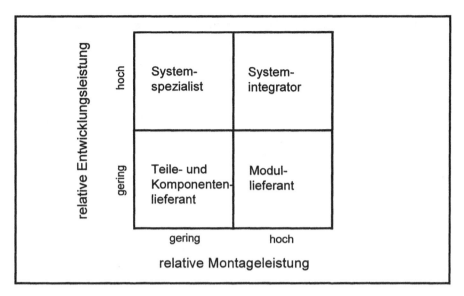

Abbildung 11: Zuliefertypen

(In Anlehnung an: Diez und Brachat 2001, S. 74)

Der Teile- und Komponentenlieferant entspricht dem traditionellen und seltener ge-
wordenen Zuliefertyp. Er ist nur in geringem Maße in den Entwicklungsprozess des
Herstellers involviert und produziert nach dessen klaren Vorgaben. Teile wie Schrauben, Glühbirnen oder Zündkerzen, bilden dabei die kleinste Einheit und werden zu
Komponenten, wie beispielsweise Rückspiegeln, zusammengebaut. Dieser Zuliefertyp
ist einem harten Wettbewerb ausgesetzt, da er leicht, ohne große Aufwendungen vom
Hersteller gegen einen anderen, möglicherweise preisgünstigeren Zulieferer ausgetauscht werden kann. Der Systemlieferant steht bezüglich der Entwicklung neuer Produkte in engem Kontakt mit dem Automobilhersteller, wohingegen seine Montageleistung vergleichsweise gering ausfällt. Der Tätigkeitsschwerpunkt des Modullliefe-
ranten liegt in der Produktion von modularen Systemen, die aus mehreren Komponenten bestehen. Die Komponenten des modularen Systems bieten die Möglichkeit der
Vormontage beim Zulieferer, sodass sie vom Hersteller bei Anlieferung direkt und
unmittelbar in den Produktionsprozess eingebunden werden können – ohne zusätzliche
Arbeit am gelieferten System selbst. Ein Beispiel hierfür ist eine komplette Armatur
für die Pkw-Produktion. Die Intensität der Zusammenarbeit zwischen Hersteller und
Zulieferer bezüglich Entwicklung und Montage ist beim Systemintegrator am höchsten. Er wird frühzeitig in die Entwicklung neuer Produkte des Herstellers integriert

und beliefert ihn mit zwei Arten von Systemen: funktionale Systeme und Mega-Systeme. Die funktionalen Systeme weisen eine funktionale Zusammengehörigkeit auf, bilden jedoch im Gegensatz zu den Modulen keine montagetechnische Einheit. Ein Beispiel hierfür ist ein Bremssystem, das aus Bremssattel, Belägen und der elektronischen Komponente ABS besteht. Ein Mega-System ist aus modularen und funktionalen Systemen aufgebaut, wie zum Beispiel ein Radaufhängungssystem, das aus dem modularen System Federbein und dem funktionalen Bremssystem besteht (Diez und Brachat 2001, S. 73-75; Wolters, Landmann u.a. 1999, S. 61f.).

Der Systemintegrator hat somit die höchsten Anforderungen zu bewältigen. Er erhält vom Automobilhersteller für ein bestimmtes Produkt die Verantwortung der Entwicklung und Montage übertragen. Daneben muss er gleichzeitig Kompetenz in mehreren Technologien vorweisen können, um verschiedene Module und Systeme zu integrieren. Zusätzlich ist er für die Entwicklung und Implementierung eines effektiven und kostengünstigen Logistikmanagements zuständig, damit der Hersteller an der richtigen Stelle, zum richtigen Zeitpunkt und in der geforderten Menge die Produkte zur Weiterverarbeitung geliefert bekommt (Diez und Brachat 2001, S. 74f). Der Systemintegrator kann in vielen Fällen diese komplexen Anforderungen und Aufgaben nicht selbständig erfüllen. Daher wird er auf ein Netz von kleineren Zulieferern zurückgreifen müssen, die unter seiner Führung die erforderlichen Leistungen und Aufgaben erledigen (Wolters, Landmann u.a. 1999, S. 69).

Zusammenfassend lässt sich festhalten, dass sich der Trend der Verringerung der Produktionstiefe (bzw. Fertigungstiefe) bei den Automobilherstellern in den letzten Jahren fortgesetzt hat. Abbildung 11 veranschaulicht diese Entwicklung. Dabei ist mit der Produktionstiefe die „Anzahl der Produktionsstufen, die der Produktionsprozeß eines Unternehmens umfasst", (Kern, Schröder, Weber 1996, S. 927) gemeint.

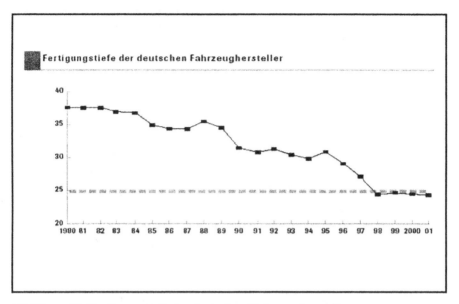

Abbildung 12: Fertigungstiefe der deutschen Fahrzeughersteller

(Quelle: VDA 2003a, S. 65)

Die Fahrzeughersteller konzentrieren sich vermehrt auf ihre Kernkompetenzen hinsichtlich der Entwicklung, wohingegen die Zulieferer die Verantwortung für Konstruktion, Produktion, Koordination der Subzulieferer und Qualitätsmanagement übernehmen (Wolters, Landmann u.a. 1999, S. 69). Der *Verband der Automobilindustrie* (VDA) weist darauf hin, dass sich dieser Trend zunächst einmal verlangsamt hat (siehe Abbildung 11). Die Ursache sieht der VDA zum einen in dem Bestreben der Automobilhersteller, die Kernkompetenzen hinsichtlich der Entwicklung nicht an Dritte abzugeben, und zum anderen in der konjunkturell schwierigen Situation, die die Investitionen in die Auslagerung von Funktionen verlangsamt und verhindert (VDA 2003a, S. 63-65). Dies führt dazu, dass die Zahl der Zulieferunternehmen weiter abnehmen wird. Die Unternehmensberatung *Roland Berger* geht davon aus, dass bis zum Jahre 2010 die Zahl der Zulieferer weltweit von aktuell 5600 auf 3500 zurückgehen wird. Zu einem in der Tendenz ähnlichen Ergebnis kommt die Unternehmensberatung *PricewaterhouseCoopers*, die von einem Rückgang der Tier1-Zulieferer von derzeit 800 auf 35 und der Tier2-Zulieferer von 10000 auf 800 ausgeht.

Das tatsächliche Eintreten der prognostizierten Zahlen bleibt abzuwarten, der Konzentrationsprozess auf Seiten der Zulieferer wird jedoch aller Voraussicht nach weitergehen (VDA 2003a, S. 64). Die kleinen bis mittelständischen Zulieferer werden daher versuchen, durch Kooperationen mit den Systemintegratoren im Wettbewerb bestehen zu können (Diez und Brachat 2001, S. 77f).

Im Zuge der Reorganisationsprozesse der 90er Jahre und der Anforderung einer möglichst kostengünstigen Produktion zahlreicher Produktvarianten mit kurzen Lieferzeiten hat sich ein Konzept herausgebildet, das die intensive Zusammenarbeit zwischen Automobilhersteller und ihren Zulieferern manifestiert: das *Just-in-Time* (JiT) Konzept (Corsten 2000, S. 410).

4.1.4 Just-in-Time

In diesem Kapitel werden die Kernelemente des JiT-Konzeptes vorgestellt. Es ist wesentlicher Bestandteil des Anwendungsbeispieles des SCEM (4.3). Das JiT-Konzept umfasst die „[spätestmögliche] Bereitstellung von qualitativ einwandfreien Produktionsfaktoren und Produkten mit dem Ziel, Durchlaufzeiten und Lagerbestände im Interesse einer kundenorientierten Leistungserstellung zu reduzieren" (Hansmann 2001, S. 437). Es seien zunächst wichtige Begriffe erläutert, die in der Definition enthalten sind.

Die Produktionsfaktoren werden im Allgemeinen als „die im Produktionsprozeß eingesetzten Güter materieller oder immaterieller Art" (Kern, Schröder, Weber 1996, S. 1495) definiert. Sie fließen in den Produktionsprozess als Inputfaktoren ein, an dessen Ende die herzustellenden Produkte als Outputfaktoren stehen (Kern, Schröder, Weber 1996, S. 1495). Die Qualität der Produktionsfaktoren ist ein Einflussfaktor für den reibungslosen Verlauf des Produktionsprozesses. Ebenso führt ein qualitativ einwandfreies Endprodukt zu einer geringeren Zahl von Kundenreklamationen und Nachbearbeitungen (Hansmann 2001, S. 437f). Die Durchlaufzeit ist definiert als die „Summe der Bearbeitungs-, Transport- und Wartezeiten auf allen Produktionsstufen" (Hansmann 2001, S. 415). Unter einem Lagerbestand versteht man „Güter, die noch nicht, vorübergehend nicht oder nicht mehr am Produktionsprozeß teilnehmen" (Hansmann 2001, S. 384). Der Lagerbestand an Produktionsfaktoren und Produkten hat zwei wesentliche negative Folgen. Erstens verursacht er eine Kapitalbindung, die zusätzliche Kosten zur Folge hat (Hansmann 2001, S. 298). Zweitens verdecken Bestände Fehler in der Planung. Erst wenn Bestände aufgelöst werden, können Schwachstellen in der Planung der Produktionsprozesse sichtbar gemacht werden. Ein Beispiel hierfür sind erhöhte Lagerbestände als Ausgleich für Fehler, die in der Terminplanung gemacht wurden (Hansmann 2001, S. 298; Wildemann 1994, S. 18-22).

Ein hohes Qualitätsniveau der Produktionsfaktoren und der Produkte sowie die Reduzierung der Durchlaufzeiten, was zu einer erhöhten Lieferbereitschaft und Termintreue führt, leistet einen wichtigen Beitrag zur kundenorientierten Leistungserstellung. Zudem werden in Verbindung mit der Reduzierung der Lagerbestände Kosten eingespart.

Das JiT-Konzept gliedert sich in die *JiT-Produktion* und die *JiT-Beschaffung*. Die JiT-Produktion betrifft den unternehmensinternen Produktionsprozess und dessen Optimierung (Hansmann 2001, S. 388; Schulte 1996, S. 301). Auf die JiT-Produktion wird an dieser Stelle nicht näher eingegangen. Die JiT-Beschaffung erweitert das JiT-Konzept um die Einbeziehung der Zulieferer. Erst mit der Berücksichtigung der zu beschaffenden Produktionsfaktoren kann das JiT-Konzept seine Vorzüge voll entfalten. Die Zulieferer werden in die JiT-Produktion integriert, indem sie die für den Produktionsprozess erforderlichen Produktionsfaktoren in der geforderten Qualität, zum gewünschten Produktionszeitpunkt und am richtigen Produktionsort bereitstellen. Der Produzent kann dann die Größe seines Wareneingangslagers deutlich reduzieren oder sogar gänzlich abschaffen und gleichzeitig – ein vertrauensvolles Verhältnis vorausgesetzt - auf eine umfangreiche Qualitätsprüfung verzichten (Hansmann 2001, S. 388; Kern, Schröder, Weber 1996, S. 833). Nur über diese „produktionssynchrone Beschaffung [..] können Durchlaufzeiten und Lagerbestände nachhaltig gesenkt werden" (Kern, Schröder, Weber 1996, S. 833). Das JiT-Konzept erfährt mit der Zuliefererintegration seine Vollendung.

Bei der JiT-Beschaffung lassen sich drei Varianten unterscheiden, die sich über den Grad der Zuliefererintegration in den Produktionsprozess und der geographischen Nähe des Zulieferers zum Produzenten voneinander abgrenzen:

- sequenzgenaue JiT-Belieferung
- Anlieferung über externes Lager (Schulte 1996, S. 320-322)
- Konsignationslager

Die sequenzgenaue *JiT-Belieferung* bzw. *Just-in-Sequence* (JiS) kommt dem Ziel der Lagerbestandsminimierung sehr nahe. Bei dieser Beschaffungsart „erfolgt eine Synchronisierung der Montagesequenz des beschaffenden Unternehmens und des Zulieferers ohne nennenswerte zeitliche Puffer zwischen Anlieferung und Einbauzeitpunkt" (Schulte 1996, S. 320). Die für die Produktion erforderlichen Teile, Module oder Systeme werden synchron zur Montagesequenz geliefert. Eine Sequenz repräsentiert die Reihenfolge der Produktionsaufträge (Hansmann 2001, S. 418). Als Beispiel sei die Automobilbranche genannt, bei der im Stundentakt entsprechend der Reihenfolge der Fahrzeuge, die sich auf dem Montageband befinden, Sitze vom Zulieferer geliefert werden (Schulte 1996, S. 320). In einigen Fällen führt das sogar dazu, dass dem Zulieferer Zutritt zu den Produktionshallen des Automobilherstellers gewährt wird, und der Zulieferer direkt an das Montageband liefert. Diese Art der JiT-Beschaffung erfordert ein besonders hohes Maß an Abstimmung und intensiver, vertrauensvoller Zusammenarbeit zwischen Zulieferer und Hersteller.

Die sequenzgenaue Anlieferung der Produktionsfaktoren macht eine Entfernung von maximal 50km zwischen Zulieferer und Hersteller notwendig, da die zeitliche Exaktheit dabei besonders wichtig ist und zu lange Transportstrecken diese Anforderung unmöglich machen würden. Für größere Transportentfernungen bietet sich die Einrichtung eines externen JiT-Lagers an, das als Pufferlager fungiert. Es wird in der Nähe des Produzenten errichtet, jedoch außerhalb des Werksgeländes des Produzenten, auf dem die Güter zwischengelagert werden. Von dort aus werden die Güter bedarfsgerecht und zum Teil auch sequenzgenau zum Hersteller transportiert und dem Produktionsprozess zugeführt (Schulte 1996, S. 321f).

Die Organisation der JiT-Beschaffung über ein Konsignationslager, das auch unter dem Begriff *Lieferanten-Logistik-Zentrum* (LLZ) diskutiert wird (Salkowski 2002), stellt eine neue Form der Beschaffungslogistik dar. Dabei „unterhält der Lieferant im Unternehmen des Abnehmers eigene Bestände, die erst zum Zeitpunkt der Entnahmemeldung durch den Abnehmer vom Lieferanten berechnet werden" (Schulte 1999, S. 192). Das LLZ befindet sich auf dem Werksgelände des Herstellers. Die im LLZ gelagerten Güter gehören bis zur physischen Entnahme dem Zulieferer, der für die Steuerung der Bestandsmenge verantwortlich ist. Der Lagerbestand des Herstellers reduziert sich daher aus betriebswirtschaftlicher Sicht auf Null. Die Anforderung an den Zulieferer der tagesgenauen Belieferung ist durch das LLZ hinfällig. Der Beschaffungsprozess verläuft ruhiger. Es ist ein ausreichend großer Puffer für die Endmontage innerhalb des Produktionsprozesses vorhanden, sodass die Prozesssicherheit jederzeit gewährleistet ist. Diese Pufferbestände waren auch schon vor der Einführung eines solchen LLZ in der Praxis vorhanden, sie wurden jedoch zur Wahrung der JiT-Idee verheimlicht. Die Zulieferer standen durch die teilweise minutengenaue Belieferung stark unter Druck und konnten die zeitliche Liefertreue nur über heimliche Sicherheitsbestände erfüllen. Eine Abweichung vom Auftrag hätte Mahnungen, negative Lieferantenbewertungen oder gar die Aufkündigung der Zusammenarbeit bedeutet. Selbst der Hersteller hatte Bestände zur Pufferung etwaiger Lieferungsschwierigkeiten zurückgehalten. Dieser zusätzliche, kostenverursachende Aufwand ist durch den einstufigen Lagerprozess nicht mehr notwendig. In der Praxis erweist sich das LLZ als Erfolg. Daimler Chrysler hat im August 2002 in Sindelfingen ein LLZ, als eine von drei Standard-Belieferungsformen, in Betrieb genommen. Da sich nicht sämtliche Güter für diese Beschaffungsform eignen, hat DaimlerChrysler in Sindelfingen ca. 20 Prozent in den einstufigen Lagerprozess aufgenommen – mit positiven Folgen sowohl für DaimlerChrysler als auch die knapp 60 Lieferanten, die zu dem damaligen Zeitpunkt in das Projekt eingestiegen sind (Foitzik 2003, S. 46ff).

Die verschiedenen Varianten der JiT-Beschaffung sind Ausdruck der engen und intensiven Zusammenarbeit zwischen Hersteller und Zulieferer, die sich, wie bereits ausgeführt, auch in der Automobilbranche finden lässt. Der Zulieferer wird in den Produktionsprozess verstärkt integriert. Beide Seiten sind an einer langfristigen und engen Zusammenarbeit interessiert. Das Konzept fügt sich in die derzeitigen Entwicklungen der Automobilbranche ein und hat sich dort in der Praxis, wenn auch nur für bestimmte geeignete Produkte, als ein effizientes Werkzeug zur Lenkung der Kosten bewährt (Wildemann 1995, S. 41). Das JiT ist ein unternehmensübergreifendes Konzept, das „alle Stufen der logistischen Kette vom Markt über den Hersteller bis zu den Zulieferern umfassen" sollte (Kern, Schröder, Weber 1996, S. 829). Somit sind auch die vorgelagerten Zulieferer des Zulieferers in die beschaffungssynchrone Produktion einzubinden. Das JiT-Konzept eignet sich daher für den Einsatz im SCM. Es ist ein effizientes Instrument zur Koordination der Materialflüsse entlang der Supply Chain.

Die eng mit dem Produktionsprozess verzahnte Beschaffungslogistik des JiT erfordert einen hohen Informationsaustausch zwischen Hersteller und Zulieferern. Es werden unternehmensübergreifend Informationen bereitgestellt. Der erhöhte Koordinationsaufwand lässt das zu bearbeitende Informationsvolumen ansteigen (Wildemann 1995, S. 30). Es müssen viele Bestellvorgänge mit relativ kleinen Liefermengen möglichst zeitnah abgewickelt werden. Dies kann unter Kosten- und Effizienzgesichtspunkten nur mit einer informationstechnischen Vernetzung von Produzent und Zulieferer erreicht werden. Das SCEM bietet sich als eine unternehmensübergreifende Kommunikationsplattform zur Integration der Informationsverarbeitung in die JiT-Prozesse an. Wie ein Unternehmen dabei vorgeht und was zu beachten ist, zeigt das nächste Kapitel (4.2).

4.2 Konzept zum Einsatz von SCEM

Nach der Einführung in die spezifischen Eigenschaften und Bedingungen der Automobilindustrie beschäftigt sich dieses Kapitel darauf aufbauend mit der Konzepterstellung zur Einführung des SCEM in der Automobilbranche, bezogen auf die JiT-Prozesse zwischen einem Automobilhersteller und seinem Zulieferer. Das Konzept wird aus Sicht des Automobilzulieferers geschildert. Das SCEM eignet sich natürlich nicht nur für die Anwendung in der Automobilbranche - auch andere sind denkbar, beispielsweise die Pharma- oder Elektronikbranche. Daher wird im Folgenden zunächst ein branchenunabhängiges Konzept zum Einsatz des SCEM vorgestellt (4.2.2), bevor dieses dann auf die Automobilbranche angewendet wird (4.2.3). Aus Gründen der Übersichtlichkeit wird zunächst die Darstellung eines wesentlichen Bestandteiles des branchenunabhängigen Konzeptes im folgenden Abschnitt vorangestellt.

4.2.1 Kaufteile-Portfolio-Matrix

Die *Kaufteile-Portfolio-Matrix* (KPM) ist ein wesentliches Element des branchunabhängigen Konzeptes zur Einführung von SCEM. Sie ist ein Instrument zur Selektion der Produkte und der daraus ableitbaren Prozesse, die für das SCEM relevant sind. Die KPM wird in der Literatur im Bereich der Beschaffungsstrategien diskutiert und hat sich dort als Strukturierungsmethodik bewährt. Die Strukturierung der Güter anhand einfacher Kriterien hat an Bedeutung gewonnen, da die Variantenvielfalt zugenommen hat und weiter zunimmt. Unterschiedliche Varianten an Gütern werden in der KPM zu *strategischen Beschaffungseinheiten* (SBE) zusammengefasst, die in Bezug auf ihre Technologie und Funktionsorientierung homogene Einheiten bilden. Das reduziert die Komplexität und erhöht den Wirkungsgrad von Beschaffungsmaßnahmen. Als Beispiele aus der Automobilindustrie sind zu nennen, Reifen, Bremssysteme oder Stoßdämpfer (Eversheim und Schuh 1999, S. 15-31). Die KPM eignet sich nicht nur für die Ausarbeitung von Beschaffungsstrategien, sondern eben auch für die Selektion der

SCEM-relevanten Produkte bzw. Prozesse, wie die folgenden Ausführungen zeigen. Die KPM hat zwei übergeordnete Dimensionen: *Ergebniseinfluss* und *Versorgungsrisiko*.

Die erste Dimension Ergebniseinfluss wird durch eine Einordnung der SBE in A-Güter, B-Güter und C-Güter, gemäß der *ABC-Analyse*, bestimmt (Eversheim und Schuh 1999, S. 15-32). Die Grundlage der ABC-Analyse ist eine Werthäufigkeitsverteilung, die anzeigt, „welchen Anteil die in einem vorgegebenen Zeitraum verbrauchten Materialien am Gesamtwert des in diesem Zeitraum verbrauchten Materials aufweist" (Corsten 2000, S. 1). Die Güter werden entsprechend ihrem Verbrauchswert pro Periode eingeteilt. Die A-Güter haben einen hohen Verbrauchswert, die B-Güter einen mittleren und die C-Güter einen niedrigen. In der Praxis hat sich dabei die sogenannte 20/80-Regel als realistisch erwiesen. Dabei machen ungefähr 20 Prozent der Güter etwa 80 Prozent des Verbrauchswertes aller Güter aus (Kern, Schröder, Weber 1996, S. 1173). Das Kriterium Verbrauchswert wird für materielle Güter verwendet. Wenn es sich um immaterielle Güter des Dienstleistungssektors handelt, bietet sich die Ersetzung des Verbrauchswertes durch den Umsatzanteil pro Periode an. Entsprechend haben dann die A-Güter einen hohen Umsatzanteil, die B-Güter einen mittleren und die C-Güter einen niedrigen. Die folgenden Ausführungen gehen in Anbetracht des Praxisbeispieles (4.3) von materiellen Gütern aus. Die ABC-Analyse hebt somit diejenigen Güter hervor, die für ein Unternehmen von besonderer Bedeutung sind und einen signifikanten Einfluss auf das Unternehmensergebnis haben (Schulte 1996, S. 55).

Die zweite Dimension Versorgungsrisiko besitzt die Merkmale *Spezifität, Komplexität* und *Unsicherheit*. Die Ausprägungen der Merkmale sind gering, mittel und hoch. Die Spezifität wird durch die technische Zusammenarbeit des Herstellers mit Zulieferern und durch den Standardisierungsgrad der SBE beschrieben. Der Spezifitätsgrad ist hoch, wenn die Anforderungen des Herstellers über den Standard hinausgehen und dem Zulieferer nur wenige Abnehmer zur Verfügung stehen. Die Komplexität wird durch logistische Abläufe und technologieorientierte Merkmale geprägt. Die logistische Komplexität ist hoch, wenn viele externe Einflussgrößen entlang des logistischen Prozesses zu beachten sind. Die technische Komplexität ist hoch, wenn die SBE aus vielen Komponenten oder Teilen bestehen, deren Abhängigkeiten untereinander signifikant sind und unterschiedliche Technologien zum Einsatz kommen. Das Merkmal Unsicherheit bezieht sich auf Veränderungen in der Umwelt, die aus technologischen Neuentwicklungen und Änderungen in der Nachfragesituation entstehen (Eversheim und Schuh 1999, S. 15-32 bis 15-33). Eine hohe Spezifität, Komplexität und/oder Unsicherheit hat ein hohes Versorgungsrisiko zur Folge.

	Versorgungsrisiko		
	Gering	mittel	hoch
Spezifität			
Anforderungen an technische Zusammenarbeit mit Lieferanten	Gering	durchschnittlich	hoch
Standardisierungsgrad des Produktes	Hoch	durchschnittlich	gering
Komplexität und Unsicherheit			
Anwenderbezogene Änderungshäufigkeit	Gering	durchschnittlich	hoch
Technische Komplexität	Gering	durchschnittlich	hoch
Technologische Entwicklung des Produktes	stagnierend	moderat	dynamisch
Zukünftige Nachfrageentwicklung am Beschaffungsmarkt	stagnierend	moderat	dynamisch
Logistische Komplexität	Gering	durchschnittlich	hoch

Tabelle 2: Checkliste Versorgungsrisiko

(In Anlehnung an: Eversheim und Schuh 1999, S. 15-32)

Die beiden Dimensionen Ergebniseinfluss und Versorgungsrisiko ermöglichen eine Positionierung der SBE in der KPM. Dazu erfolgt eine subjektive Bewertung der SBE durch Checklisten. Die Checklisten bewerten die einzelnen Merkmale und ihre Ausprägungen. Die Einzelergebnisse werden zu den Dimensionen Ergebniseinfluss und Versorgungsrisiko in Form einer Gesamtbewertung aggregiert. Die Gesamtbewertung ermöglicht schließlich die Positionierung der SBE in der KPM. Für die Positionierung wird die KPM in vier Quadranten aufgeteilt: Engpasskaufteile, strategische Kaufteile, Standardkaufteile und Kernkaufteile (Eversheim und Schuh 1999, S. 15-33).

Die strategischen Kaufteile sind SBE, die einen hohen Verbrauchswert und ein hohes Versorgungsrisiko aufweisen. Beispiele in der Automobilindustrie sind Getriebe oder ganze Module, wie Brems- oder Dämpfungssysteme. Sie werden von System- und

Modullieferanten oder sogar Systemintegratoren bezogen, die in einer langfristig aus-gerichteten, vertrauensvollen Partnerschaft zum Hersteller stehen. Die hohe Komple-xität und Spezifität der SBE erfordert diese Art der Zusammenarbeit (Eversheim und Schuh 1999, S. 15-34-15-38).

Die Kernkaufteile zeichnen sich durch einen hohen Ergebniseinfluss und ein niedriges Versorgungsrisiko aus. Beispiele sind Batterien, Reifen oder Kühlsysteme. Die techni-schen und logistischen Schwierigkeiten sind aufgrund der niedrigen Spezifität und Komplexität gering. Der Schwerpunkt der Optimierungen liegt daher in der Reduzie-rung der logistischen Ablauf- und Kapitalbindungskosten. Die Beschaffungsinstru-mente JiT, JiS oder Einrichtung eines Konsignationslagers eignen sich hierbei zur Kostenreduktion. Die Beschaffung der Kernkaufteile erfolgt über System- oder Mo-dullieferanten (Eversheim und Schuh 1999, S. 15-38f).

Die Engpasskaufteile weisen im Gegensatz zu den Kernkaufteilen eine hohes Versor-gungsrisiko und aufgrund ihres niedrigen Verbrauchswertes einen geringen Ergebnis-einfluss auf. In der Automobilindustrie fallen darunter beispielsweise elektronische Bauteile oder Stahlgussstücke. Der niedrige Verbrauchswert ist in vielen Fällen auf einen geringen Bedarf und deswegen relativ geringen Bestand im Lager zurückzufüh-ren. Der Schwerpunkt der Beschaffungsmaßnahmen liegt bei diesen SBE daher in der Gewährleistung der Materialverfügbarkeit (Eversheim und Schuh 1999, S. 15-39).

Die Standardkaufteile besitzen ein geringes Versorgungsrisiko wie auch einen gerin-gen Ergebniseinfluss. Beispiele für Standardkaufteile sind Normteile wie Schrauben, Muttern oder Federn. Sie verfügen über eine gute Beschreibbarkeit hinsichtlich Funk-tion, Form und Leistung. Der Bezug der Teile erfolgt über Teile- und Komponenten-lieferanten, die sich in einem hohen internationalen Wettbewerb zueinander befinden. Der Schwerpunkt der Optimierungsbemühungen sind die erforderlichen Aktivitäten zur Beschaffung. Dabei steht besonders die Reduzierung der Kosten der Bestellab-wicklung im Vordergrund (Eversheim und Schuh 1999, S. 15-39f).

Wie zu Beginn des Kapitels bereits erwähnt, eignet sich die KPM nicht nur zur Ausar-beitung geeigneter Beschaffungsstrategien, sondern auch zur Selektion der SCEM-re-levanten Produkte bzw. Prozesse. Man könnte von der ökonomischen Richtigkeit überzeugt sein, sämtliche Güter der Supply Chain in das SCEM einzubinden. Das würde die Auswahl der SCEM-relevanten Güter ohne Zweifel deutlich vereinfachen.

Jedoch verursacht die Planung und Ausführung des SCEM zusätzlichen Aufwand, der technische und personelle Ressourcen erforderlich macht. Das branchenunabhängige Konzept muss auf die spezifische Situation angepasst und implementiert werden. Hierzu sind technische Voraussetzungen in der Informationsverarbeitung zu schaffen. Zudem müssen die Mitarbeiter auf das SCEM durch individuelle Schulungen vorbereitet werden. Alle genannten Maßnahmen führen zu Kosten. Daher ist es aus ökonomischen Gründen sinnvoll, das SCEM nicht auf alle Produkte bzw. Prozesse auszudehnen, sondern eine Selektion entsprechend der KPM vorzunehmen. Die Kriterien für die Entscheidung der SCEM-Relevanz sind das Versorgungsrisiko und der Ergebniseinfluss. SCEM-relevant sind diejenigen Produkte, die ein hohes Versorgungsrisiko, einen hohen Ergebniseinfluss oder beides haben; denn diese Produkte sind besonders kritisch und wichtig für das Unternehmen. Sie haben aufgrund der hohen Verbrauchswerte Einfluss auf die Gewinnentwicklung und somit auf die Wettbewerbsfähigkeit der Unternehmung. Eine zeitliche Verzögerung in den der zur Fertigstellung des Produktes notwendigen Prozesse entlang der Supply Chain kann zu negativen Auswirkungen auf die Geschäftstätigkeiten des Unternehmens führen. Diese negativen Auswirkungen reichen von Konventionalstrafen aufgrund verspäteter oder ausgefallener Lieferung bis hin zur Aufkündigung der Zusammenarbeit zwischen Zulieferer und Kunden. Demzufolge fallen die strategischen Kaufteile, die Kernkaufteile und die Engpasskaufteile in die Kategorie der SCEM-relevanten Produkte. Die Standardkaufteile sind nicht relevant und werden im SCEM nicht berücksichtigt. Daraus ergibt sich folgende, von der KPM leicht abgewandelte Event-Portfolio-Matrix (EPM), die in das branchenunabhängige Konzept eingeht (4.2.2). Lediglich die Namen der vier Quadranten haben sich im Vergleich zur KPM verändert.

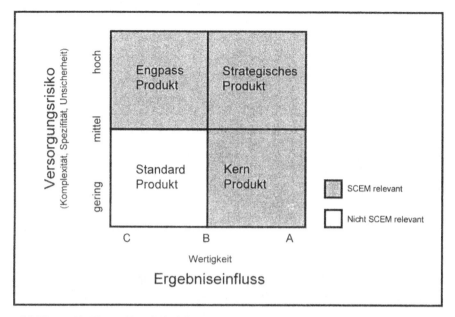

Abbildung 13: Event-Portfolio-Matrix

(In Anlehnung an: Eversheim und Schuh 1999, S. 15-33)

4.2.2 Branchenunabhängiges Konzept

Das branchenunabhängige Konzept gibt den Unternehmen einen strukturierten Leitfaden zur Einführung des SCEM an die Hand. Das Abstraktionsniveau ist so gewählt, dass das Konzept auf jede Branche und jedes Unternehmen anwendbar ist. Bevor der Leitfaden umgesetzt werden kann, müssen einige vorbereitende, vorwiegend organisatorische Aktivitäten abgeschlossen sein, die an dieser Stelle definiert werden.

Die an der Einführung teilnehmenden Unternehmen entlang der Wertschöpfungskette sind bekannt und haben sich gemeinsam entschlossen, das SCEM in ihre bestehenden Strukturen und Abläufe zu integrieren. Es ist erstrebenswert, alle am Wertschöpfungsprozess beteiligten Unternehmen zur Teilnahme am SCEM zu gewinnen, was jedoch gleichzeitig in vielen Fällen nicht realistisch sein wird. Die Gestaltung der Projektorganisation ist fertiggestellt, Verantwortlichkeiten und Kompetenzen sind klar zugeordnet. Man hat sich auf eine gemeinsame Sprache zur Beschreibung und Definition der Prozesse geeinigt. Die Unternehmen sind sich darüber bewusst und haben sich dafür ausgesprochen, dass unternehmenssensitive Daten auf der Kommunikationsplattform des SCEM allen teilnehmenden Partnern zur Verfügung gestellt werden. Eine in Kapitel 3.3.3 erläuterte kollaborative Ausgestaltung des SCM erleichtert diese vorbereitenden Aktivitäten und ebenso alle folgenden.

Das branchenunabhängige Konzept besteht aus vier Schritten:

1. Selektion der Endprodukte
2. Selektion der erforderlichen Produktionsfaktoren
3. Ausgestaltung der Event-Handler
4. Implementierung

Die Endprodukte bilden den Ausgangspunkt des Konzeptes. Das ist insofern logisch und konsequent, da das SCM auf die Befriedigung der Bedürfnisse des Endkunden ausgerichtet ist. Die Zufriedenheit der Kunden hängt dabei entscheidend vom Endprodukt ab. Daher besteht der erste Schritt des Konzeptes in der Selektion der Endprodukte mit dem Ziel, die SCEM-relevanten unter ihnen herauszufiltern. Die Grundlage hierzu ist die Menge aller Produkte, die in einem Unternehmen hergestellt werden. Aus ihr werden diejenigen Endprodukte selektiert, die in das SCEM integriert werden sollen. Das Instrument zur Selektion ist die EPM (4.2.1).

Ausgehend von den ausgewählten Endprodukten wird die Menge der Produktionsfaktoren ermittelt, die zur Herstellung erforderlich sind. Dazu wird der Produktionsprozess in umgekehrter Richtung verfolgt und die im Prozess verwendeten Güter in die Menge der Produktionsfaktoren eingefügt. Die Stücklisten der Endprodukte bieten dabei eine wichtige Orientierung. Es ist für die weiteren Schritte wichtig, dass die Zuordnung Endprodukt-Produktionsfaktoren bei der Selektion erhalten bleibt. Die sich daraus ergebende Menge an Produktionsfaktoren enthält wiederum Güter, die aus ökonomischen Argumenten nicht in das SCEM eingebunden werden. Daher werden daraus diejenigen selektiert, die SCEM-relevant sind. Das Instrument zur Selektion ist wiederum die EPM.

Die ersten beiden Schritte haben jeweils für die spezifischen Produktionsprozesse die Gütermengen als Ergebnis, die SCEM-relevant sind. Nun wird nacheinander jeder Produktionsprozess und dessen Gütermenge betrachtet. Die zeitlich und geographisch vorgegebenen Abläufe des Prozesses und die verwendeten Güter gehen in die Aus-gestaltung der Event-Handler ein. Dieser dritte Schritt ist umfangreicher als die vorhe-rigen und unterteilt sich in drei Teilschritte: Erstellung eines Anforderungsprofils, Er-arbeitung der Bedeutung möglicher Abweichungen von den Anforderungen und Fest-legung von Maßnahmen bei Abweichungen (Bretzke, Stölzle u.a. 2002, S. 36-38).

Das Anforderungsprofil bestimmt den Inhalt des Event-Handlers und wird auf der Grundlage des Produktionsprozesses aufgestellt. Der Prozess wird ausgehend vom Endprodukt in Meilensteine zerlegt. Ein Meilenstein ist im Projektmanagement ein „definierter Punkt, an dem im Rahmen eines Projekts der Abschluss einer Einzelakti-vität überprüft wird" (Gabler-Verlag 2000, S. 2106). Übertragen auf den Event-Hand-ler sind Meilensteine Einzelaktivitäten, die in einer bestimmten Reihenfolge abzuar-beiten sind. Den Meilensteinen werden Sollwerte in Form von Toleranzzonen zuge-ordnet. Danach ist zu überlegen, an welchen Stellen des Prozesses Events auftreten können. Es gibt zwei Varianten. Einmal entstehen Events direkt bei den Meilensteinen durch Unter- oder Überschreitung der zugeordneten Toleranzzonen. Zum anderen tre-ten unerwartete Events zwischen den Meilensteinen auf, deren vorherige Einplanung nur bedingt und aufgrund der Erfahrungswerte von Mitarbeitern gemacht werden kann (3.3.2). Weiterhin ist die Genauigkeit der Messung von Events von Bedeutung. Dazu müssen geeignete Messpunkte in zeitlicher und räumlicher Hinsicht gefunden und ge-eignete Kennzahlen zur Messung definiert werden (Bretzke, Stölzle u.a. 2002, S. 36).

Nach der Erstellung des Anforderungsprofils werden die Abweichungen vom Soll-Wert näher betrachtet. Die Bedeutung einer Abweichung vom Sollwert lässt sich aus der Kritizität eines Events ableiten. Ein Ausfall einer Maschine in der Produktion be-sitzt eine höhere Kritizität als ein verspäteter Warenausgang. Daher ist es hinsichtlich der notwendigen Maßnahmen sinnvoll, eine Bewertung der Events in Bezug auf ihre Kritizität vorzunehmen. Die Bewertung ergibt sich aus der Häufigkeit des Auftretens und den Kosten, die daraus entstehen (Bretzke, Stölzle u.a. 2002, S. 37). Je häufiger ein Event zu erwarten ist und je höher die aus dem Event resultierenden Folgekosten sind, desto höher ist die Kritizität. Außerdem wird die Kritizität davon bestimmt, wie schnell und mit welchen Erfolgschancen die Folgen eines eingetretenen Events beho-ben werden können. Die Bewertung der Abweichungen bildet die Grundlage für die nachfolgenden Maßnahmen, die im Falle des Eintretens eines Events mögliche nega-tive Folgen verhindern oder begrenzen.

Die Maßnahmen hängen zum einen von der Bewertung des Events ab und zum anderen von der Art des Events. Sie haben zum Ziel, die Reaktionszeit auf einen eingetretenen Event zu reduzieren und so die Folgekosten zu minimieren (Bretzke, Stölzle 2002, S. 37). Die Ausgestaltung der Maßnahmen muss in enger Absprache mit den Mitarbeitern getroffen werden, die täglich am Produktionsprozess beteiligt sind. Nur so sind effiziente Maßnahmen möglich und erfolgreich.

Damit ist der dritte Schritt des branchenunabhängigen Konzeptes der Definition und Gestaltung der Event-Handler abgeschlossen. Der vierte und letzte Schritt ist die Implementierung der vorherigen Schritte, die planerischen und vorbereitenden Charakter haben. Zur Umsetzung stehen neben dem Softwarehaus SAP eine Reihe von weiteren Unternehmen zur Auswahl, die SCEM-Software anbieten: z. B. Viewlocity, Categoric Software, Vigilance oder AXIT. Die folgende Abbildung gibt das branchenunabhängige Konzept in seinem Verlauf nochmals wieder.

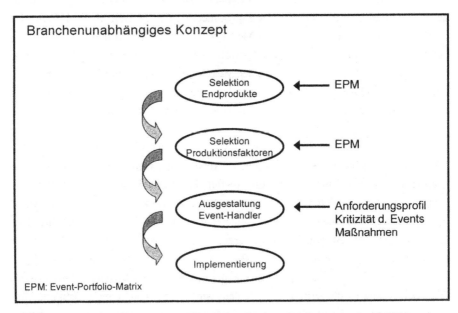

Abbildung 14: Branchenunabhängiges Konzept zur Einführung des SCEM

Das branchenunabhängige Konzept stellt wie bereits erwähnt einen Leitfaden dar, ohne detaillierte Anweisungen und Vorgaben zu machen. Das Konzept ist über viele Diskussionen zwischen den teilnehmenden Unternehmen und ihren Mitarbeitern mit

Inhalt zu füllen. Vor allem die Erfahrung der Mitarbeiter zu den Prozessabläufen und ihren kritischen Stellen sind für den erfolgreichen Einsatz des SCEM entscheidend.

4.2.3 Konzept für die Automobilindustrie

Das branchenunabhängige Konzept kann für den Einsatz in der Automobilindustrie ohne Veränderung übernommen werden. Unternehmen der Automobilbranche, die ihre Prozesse nach den Prinzipien des JiT steuern, können sogar eine Vereinfachung des branchenunabhängigen Konzeptes vornehmen und den ersten Schritt schnell abhandeln. Die Begründung für die Vereinfachung liegt in der Auswahl der Produkte, die in die JiT-Abläufe integriert werden sollen. Die Selektion bei JiT bedient sich einer Matrix, die der der KPM sehr ähnlich ist. Bei dieser Matrix werden die Güter mittels der ABC-Analyse und der sogenannten *XYZ-Analyse* positioniert (Wildemann 1995, S. 191-193). Im Ergebnis selektiert auch diese Matrix diejenigen Produkte, die für das Unternehmen von besonderer Wichtigkeit sind. Daher sind alle Endprodukte, die in die JiT-Prozesse integriert sind, SCEM-relevant und werden über den ersten Schritt des Konzeptes selektiert. Alle weiteren Schritte können ohne Veränderung in den Leitfaden zur Einführung des SCEM übernommen werden. Das folgende Kapitel (4.3) zeigt beispielhaft an einem Modellunternehmen, wie die Anwendung des Konzeptes bei einem Automobilzulieferer aussehen kann.

4.3 Automobilzulieferer *Light AG*

In dem folgenden Anwendungsbeispiel beschränkt sich die Menge der teilnehmenden Unternehmen an der Einführung des SCEM auf zwei Organisationen, einem Automobilzulieferer und dessen Kunde. Das Beispiel hat nicht den Anspruch der Vollständigkeit, sondern soll die Anwendung des branchenunabhängigen Konzeptes in seinen Grundzügen am Beispiel der Automobilindustrie verdeutlichen. Es beruht weitestgehend auf Annahmen und nicht auf realen Objekten und Werten. In Kapitel 4.3.1 wird zunächst die Ausgangssituation geschildert. Die Modellierung des sich aus dem Anwendungsfall ergebenden Prozesses wird in den Kapiteln 4.3.2 und 4.3.3 entwickelt. Kapitel 4.3.4 beschreibt die Umsetzung der Modellierung.

4.3.1 Ausgangssituation

Der Automobilzulieferer Light AG hat seinen Firmensitz in Deutschland und verfügt über zahlreiche Produktionsstätten, Vertriebs- und Tochtergesellschaften im In- und Ausland. Die Light AG ist ein global tätiges Unternehmen mit 20000 Mitarbeitern weltweit, wobei zwei Drittel der Mitarbeiter in Europa arbeiten. Mit einem Umsatz von 3,1 Mrd. Euro im Jahr 2003 gehört die Light AG zu den größten Unternehmen in Deutschland und ist gerade wegen seiner internationalen Ausrichtung ein interessanter und kompetenter Partner für die großen Automobilhersteller. Sie ist mit insgesamt 1500 Technikern und Ingenieuren Systemintegrator (4.1.3) und arbeitet daher mit den Automobilherstellern in Forschung und Entwicklung eng zusammen. Die Light AG hat die führenden Unternehmen der Automobilhersteller Deutschlands als Kunden. Die Kerngeschäftsfelder sind Licht, Elektronik und Fahrzeugmodule. Zudem verfügt die Light AG über langjährige Erfahrungen in der Optimierung logistischer Prozesse. Besondere Kompetenz kann sie in der JiT-Beschaffung (4.1.4) aufweisen. In zahlreichen Projekten hat sie zusammen mit der Stern AG die Lieferung von Modulen und Systemen (4.1.3) direkt an das Produktionsband von der Stern AG nach dem JiS-Prinzip (4.1.4) erfolgreich eingeführt und im Laufe der Zeit optimiert. Im Folgenden, auf Annahmen beruhenden Anwendungsfall, wird eine Zulieferer-Hersteller-Beziehung zwischen der Light AG und der Stern AG betrachtet, am Produktionsstandort Untertürkheim. Die Light AG hat 15 km von Untertürkheim entfernt eine Produktionsstätte und ein Distributionszentrum aufgebaut, von dem aus die Endprodukte nach dem JiS-Prinzip direkt an das Produktionsband von der Stern AG geliefert werden.

4.3.2 Selektion der Endprodukte und der erforderlichen Produktionsfaktoren

Die Selektion der Endprodukte zur Integration in das SCEM ist der erste Schritt des branchenunabhängigen Konzeptes und kann ohne zusätzlichen Aufwand durchgeführt werden; denn die Light AG beliefert den Kunden nach dem JiS-Prinzip (4.2.3), das dem JiT-Konzept zugeordnet wird (4.1.4). Somit fallen alle Endprodukte, die nach dem JiS-Prinzip geliefert werden, in die Ergebnismenge der ersten Selektion. Diese Menge besteht im Anwendungsfall beispielhaft aus vier Endprodukten. Daraus wird aus Vereinfachungsgründen ein Endprodukt herausgegriffen und ist Gegenstand der weiteren Analyse: ein *Halogen-Scheinwerfer* für PKWs. Die zweite Selektion befasst sich mit den Produktionsfaktoren, die für die Herstellung des Halogen-Scheinwerfers erforderlich sind. Sie ist der zweite Schritt des branchenunabhängigen Konzeptes. Die

Komponente Halogen-Scheinwerfer besteht modellhaft aus fünf Produktionsfaktoren: Elektronik, Spiegel, Glas, Fassung und Leuchteinheit. Auf diese Teile ist gemäß des branchenunabhängigen Konzeptes die EPM (4.2.1) zur Auswahl der SCEM-relevanten Produktionsfaktoren anzuwenden. Bei der Bestimmung des Versorgungsrisikos für ein Produkt bietet die in Kapitel 4.2.1 vorgestellte Checkliste eine wichtige Orientierungshilfe. Die Feststellung der Wertigkeit der Produkte ist über die im Informationssystem gebuchten Warenwerte und –mengen zu bestimmen. Die Voraussetzungen zur Selektion der Produktionsfaktoren können im Folgenden durchgeführt werden.

Die Teile Spiegel, Glas, Fassung und Leuchteinheit sind Standardprodukte und daher nicht SCEM-relevant; denn sie weisen alle eine geringe Wertigkeit und ein geringes Versorgungsrisiko auf. Die Wertigkeit ist gering, da der Verbrauchswert der Teile relativ zu anderen im Distributionszentrum befindlichen Teilen, Komponenten und Produkten einen niedrigen Verbrauchswert aufweist (4.2.1). Das Versorgungsrisiko ist gering, da die Komplexität, Spezifität und Unsicherheit gering sind (4.2.1). Die Komplexität ist niedrig, da keine aufwendigen logistischen Abläufe, hohe technische Aufwendungen und Abhängigkeiten vorhanden sind. Die Teile sind hinsichtlich ihrer Funktion und Form gut beschreibbar. Daher stehen der Light AG einige Zulieferer zur Auswahl, von denen sie die Teile beziehen kann. Somit ist die Spezifität ebenfalls gering. Die Unsicherheit bewegt sich auf einem niedrigen Niveau, da Veränderungen in der Umwelt aufgrund technologischer Neuentwicklungen maximal bei der Leuchteinheit zu erwarten sind und eine Änderung der Nachfragesituation wegen der standardisierten Form auch keine Rolle spielt.

Das Teil Elektronik ist ein Engpassprodukt und somit SCEM-relevant. Die Begründung hierfür liegt in der niedrigen Wertigkeit und dem hohen Versorgungsrisiko. Die niedrige Wertigkeit ergibt sich aus dem niedrigen Verbrauchswert elektronischer Bauteile. Die Ursache für das hohe Versorgungsrisiko liegt in der hohen Spezifität, der hohen Komplexität und der hohen Unsicherheit. Die Spezifität ist hoch, da die technischen Spezifikationen über den Standard hinausgehen und in Zusammenarbeit mit dem Zulieferer entwickelt und umgesetzt werden müssen. Infolgedessen stehen der Light AG nur ein oder wenige Zulieferer zur Verfügung. Die Komplexität ist hoch, da einige Faktoren entlang des logistischen Prozesses zu beachten sind, wie beispielsweise Qualitätskontrollen oder besondere Sorgfalt beim Transport der empfindlichen elektronischen Bauteile. Die technische Komplexität fällt hoch aus, da die Elektronik aus voneinander abhängigen Teilen besteht, deren fehlerfreies Zusammenspiel gewährleistet sein muss. Die Unsicherheit weist ebenfalls ein hohes Niveau aus, da besonders bei elektronischen Bauteilen technologische Neuentwicklungen in kurzen, regelmäßigen Zeitabschnitten erfolgen. Zusammenfassend haben die ersten beiden Schritte des Konzeptes ergeben, dass der Halogen-Scheinwerfer und der Produktionsfaktor Elektronik SCEM-relevant sind. Sie gehen in den nächsten Schritt des Konzeptes ein, dessen Aufgabe die Entwicklung und Ausgestaltung der Event-Handler (4.3.3) beinhaltet.

4.3.3 Ausgestaltung der Event-Handler

Die Ausgestaltung der Event-Handler erfolgt in drei Teilschritten (4.2.2). Der erste umfasst die Erarbeitung eines Anforderungsprofils, bei dem die Meilensteine des Event-Handlers festgelegt werden. Der zweite beschäftigt sich mit den Events, die auftreten können, und deren Abweichung von den geplanten Werten. Im letzten Teilschritt werden Maßnahmen als Reaktion auf die Events bestimmt.

Der Event-Handler bildet aus Sicht der Light AG den gesamten Prozess, beginnend mit dem Auftragseingang des Kunden, über Beschaffung, Produktion, Transport und Anlieferung nach JiS bei der Stern AG ab. Die Abbildung 15 gibt einen schematischen Überblick zum Prozessablauf und bildet die Grundlage für die Bestimmung der Meilensteine.

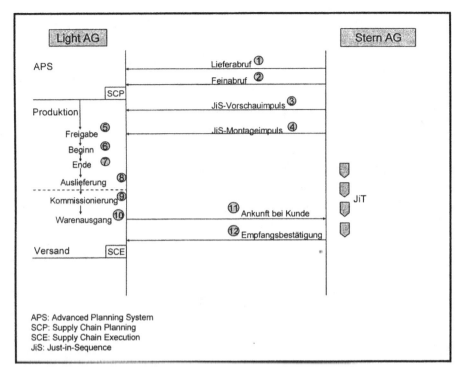

Abbildung 15: Schematischer Ablauf des Anwendungsfalles

(In Anlehnung an: SAP 2002d)

Die in Abbildung 15 angegebenen Ziffern entsprechen der Reihenfolge des Prozesses. Die Stern AG sendet zu Beginn des Prozesses einen *Lieferabruf* (LAB) an die Light AG. Dieser enthält die Menge der herzustellenden Halogen-Scheinwerfer und das geforderte Anlieferungsdatum in Monaten. Der LAB wird im APS-System (3.3.3) der Light AG erfasst und auf dessen Grundlage eine erste Planung durchgeführt. Wenige Tage vor dem Datum der Anlieferung sendet die Stern AG den *Feinabruf* (FAB), der eventuell Änderungen bezüglich des LAB vorsieht. Dies würde eine erneute Planung im APS-System erforderlich machen. Das APS-System stellt zwischen der im FAB geforderten und der im Lager bereits vorhandenen Menge an Halogen-Scheinwerfern einen Vergleich an. Wenn die von der Stern AG angeforderte Menge nicht oder nur teilweise vorrätig ist, wird ein Produktionsplan mit einem bestimmten Termin und einer zu produzierenden Menge angelegt. Wenige Stunden vor dem Anlieferungszeitpunkt schickt die Stern AG einen *produktionssynchronen Abruf* (PAB)-*Vorschauim-*

puls, der die zur Herstellung des Scheinwerfers notwendigen Teile enthält und bei der Light AG die Bereitstellung der Teile für einen Fertigungsauftrag veranlasst. Der *PAB-Montageimpuls* löst schließlich die Freigabe des Fertigungsauftrages aus. Die Herstellung der Halogen-Scheinwerfer beginnt. Nach erfolgreichem Abschluss der Produktion werden die Scheinwerfer an das Lager ausgeliefert. Dort erfolgen die Kommissionierung und das Vorbereiten der Waren für den Transport. Die transportfähigen Scheinwerfer werden vom Distributionszentrum der Light AG durch einen Logistikdienstleister an das Produktionsband von der Stern AG geliefert. Dort werden sie produktionssynchron in die PKWs eingebaut. Die Stern AG bestätigt schließlich den Erhalt der Halogen-Scheinwerfer zum vereinbarten Termin und in der gewünschten Menge. Der Prozess ist abgeschlossen. Ausgehend von diesen Ausführungen zur Beschreibung des Prozesses ergibt sich folgendes Meilenstein-Modell (Abbildung 16).

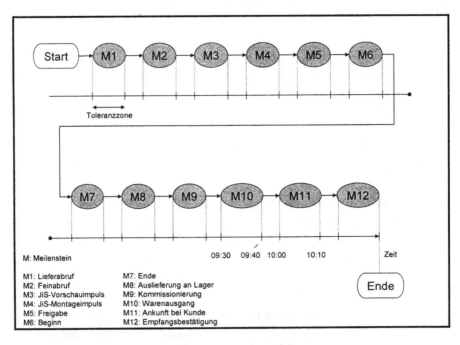

Abbildung 16: Meilensteinmodell zu Anwendungsfall

In Abbildung 16 sind beispielhaft zwei Toleranzzonen für die Meilensteine M10 und M11 angegeben. Die Halogen-Scheinwerfer müssen demnach zwischen 09:30 Uhr und 09:40 Uhr das Distributionszentrum verlassen haben. Die Ankunft der Ware beim

Kunden ist auf die Zeitspanne 10:00 Uhr bis 10:10 Uhr festgelegt. Nach der Bestimmung der Meilensteine und den ihnen zugeordneten Zeiten ist zu überlegen, an welchen Stellen Events auftreten. Sie können direkt bei den Meilensteinen entstehen, falls die definierten und geplanten zeitlichen Toleranzzonen unter- oder überschritten werden. Zudem können zwischen den Meilensteinen unerwartete Events auftreten. Es seien beispielhaft drei Events genannt, die den geplanten Prozessablauf verzögern und stören können. Zum einen kann zwischen den Meilensteinen M5 und M7 das Ereignis eines plötzlichen Maschinenausfalls auftreten. Die Produktion der Scheinwerfer kommt dabei zum Erliegen. Zum anderen ist denkbar, dass sich zwischen M9 und M10 ein Unfall mit einem Lagerstapler ereignet. Die auszuliefernden Halogen-Scheinwerfer werden dabei teilweise beschädigt. Eine weitere Möglichkeit für ein Auftreten eines unerwarteten Ereignisses liegt auf dem Transportweg der Ware von der Light AG zu ihrem Kunden. Die Messung der Events bildet den Abschluss der Erstellung des Anforderungsprofils. Ein Messpunkt des in Abbildung 16 vorgestellten Prozessablaufes befindet sich am Zeitpunkt des erfolgreichen Abschlusses eines Meilensteines. Die Kennzahl zur Messung ist die Zeit, die vom Informationssystem manuell oder automatisiert (3.5.1) erfasst wird. Das Anforderungsprofil ist somit aufgestellt. Die Meilensteine, die dazugehörigen Soll-Werte und die Messung der Aktivitäten entlang des Prozesses sind definiert. Daher kann man sich nun im zweiten Teilschritt den möglichen Abweichungen von den geplanten Werten widmen (4.3.4).

Das Auftreten von Events ist direkt bei und zwischen den zwölf Meilensteinen denkbar. Die Bedeutung der Abweichungen vom Soll-Wert wird beispielhaft an drei Events erarbeitet und aufgezeigt. Die zu analysierenden Events sind ein Maschinenausfall während der Produktion, eine verspätete Auslieferung an das Lager und ein Unfall eines LKWs auf dem Transportweg zur Stern AG. Die Bedeutung einer Abweichung leitet sich aus der Kritizität eines Events ab (4.2.2). Der Event mit der niedrigsten Kritizität ist eine verspätete Auslieferung an das Lager, da in diesem Fall die Halogen-Scheinwerfer bereits fertiggestellt sind. Es ist lediglich eine zeitliche Verzögerung zu verzeichnen, die den Prozessablauf nicht zum Stocken bringt und noch aufzuholen ist. Ein Maschinenausfall ist ein Event hoher Kritizität, da teilweise oder vollständig die Produktion der Halogen-Scheinwerfer zum Erliegen kommt. Der Fortgang des Prozesses ist abhängig von der Behebung des Maschinenausfalls. Ein Unfall des LKWs auf dem Transportweg hat eine hohe Kritizität, da die Stern AG die Ware in einem kleinen Zeitfenster erwartet. Die zeitlich exakte Anlieferung der Halogen-Scheinwerfer für den Einbau in die PKWs ist für den erfolgreichen Abschluss des Prozesses unabdingbar, da die Ware synchron zur Produktion geliefert wird. Das Zeitfenster ist zu klein, um für Ersatz zu sorgen. Konventionalstrafen für die Light AG sind die Folge. Der zweite Schritt des branchenunabhängigen Konzeptes ist fast abgeschlossen. Es fehlt noch die Festlegung der Maßnahmen zur Behebung oder Eingrenzung der Abweichungen.

Die wichtigste Maßnahme bei allen drei Events ist die Weiterleitung von Informationen über den Event in Echtzeit an die für den Prozess verantwortlichen und daran beteiligten Mitarbeiter. Hinzukommen die jeweils für den Event notwendigen, spezifischen Maßnahmen. Die verspätete Auslieferung der Halogen-Scheinwerfer an das Lager macht es erforderlich, die verlorengegangene Zeit im weiteren Prozessverlauf wieder aufzuholen. Das kann zum einen durch das Hinzuschalten weiterer Kapazitäten in Form von Mitarbeitern oder LKWs geschehen, zum anderen durch die Ausnutzung von berücksichtigten zeitlichen Puffern entlang der nächsten Prozessschritte. Dem Maschinenausfall kann mit der Verlagerung der Produktion auf eine andere Maschine begegnet werden. Wenn die Produktion der Scheinwerfer auf mehrere Maschinen verteilt ist, kann die Kapazität der funktionsfähigen Maschinen erhöht und dort die erforderliche Menge an Scheinwerfern hergestellt werden. Die Voraussetzung hierfür ist natürlich, dass die funktionsfähigen Maschinen über zusätzliche und freie Kapazitäten verfügen, die den Ausfall der Maschine ausgleichen. Bei einem Unfall eines LKWs auf der Transportstrecke zur Stern AG sind neben der sofortigen Informationsweiterleitung kaum weitere Maßnahmen denkbar, die die produktionssynchrone Anlieferung der Halogen-Scheinwerfer noch ermöglicht. Das Zeitfenster hierfür ist zu klein. Eine Maßnahme könnte sein, in Absprache mit der Produktion von der Stern AG einen neuen LKW mit der erforderlichen Menge an Halogen-Scheinwerfern auf den Transportweg zu bringen. Unabhängig von den Überlegungen, die direkt das SCEM betreffen, könnte in diesem Fall an eine Errichtung eines Konsignationslagers (4.1.4) auf dem Werksgelände von der Stern AG gedacht werden.

Bisher ist bei der Schilderung der Maßnahmen offen geblieben, wie die für den Prozess verantwortlichen Mitarbeiter bestimmt werden. Bei der verspäteten Auslieferung an das Lager reicht es aus, den Lagerleiter und den beauftragten Logistikdienstleister zu informieren; der Kunde muss keine Kenntnis davon erlangen, da die Kritizität des Events niedrig und eine Behebung der Störung sehr wahrscheinlich ist. Über einen Maschinenausfall müssen zunächst der Produktionsleiter und der Lagerleiter informiert werden, denn sie müssen ihre Planungen aufgrund des Ausfalls neu überdenken. Inwiefern der Logistikdienstleister und der Kunde darüber informiert werden, hängt von der Möglichkeit des Ausweichens auf eine andere Maschine ab. Ein Unfall des LKWs macht eine Benachrichtigung des Kunden und des Produktionsleiters notwendig, die daraufhin miteinander Kontakt aufnehmen und die weitere Vorgehensweise besprechen. Mit der Bestimmung der Maßnahmen als Reaktion auf die eingetretenen Events ist der dritte Schritt des branchenunabhängigen Konzeptes abgeschlossen. Der vierte Schritt ist die Implementierung der in den Schritten eins bis drei entwickelten Modellierung des Prozesses und wird im folgenden Abschnitt (4.3.4) vorgestellt.

4.3.4 Implementierung

Die Implementierung des Anwendungsfalles wurde mit der Softwarekomponente my-SAP Event Manager 4.0 durchgeführt (3.6). Mit Ausnahme der Meilensteine 2-4 sind alle Meilensteine des in Abbildung 16 aufgezeigten Prozesses umgesetzt worden. Die Implementierung basiert auf sogenannten *Visibility Szenarien*, die von SAP zusammen mit dem Event Manager ausgeliefert werden. Ein Visibility Szenario bildet einen Geschäftsprozess (3.6.1) ab und beinhaltet eine Beschreibung des Szenarios sowie zur Implementierung notwendige Konfigurationsanweisungen. Ein Szenario hat modularen Charakter und kann Bestandteil mehrerer Visibility Szenarien sein. Für die Umsetzung des Anwendungsfalles wurden die Visibility Szenarien *Production Malfunction* und *Deliveries in LTL Shipment* verwendet. Ein solches Szenario bildet einen Geschäftsprozess in standardisierter Form ab und muss an die besonderen Gegebenheiten und Bedingungen im Einzelfall angepasst werden. Auch im folgenden Szenario wurden Anpassungen und Änderungen vorgenommen, die im nachfolgend benannt sind.

Im Informationssystem wurde ein neues Endprodukt mit dem Namen *Halogen-Scheinwerfer* hinterlegt. Der Halogen-Scheinwerfer besitzt eine Stückliste, die aus fünf Produktionsfaktoren (4.3.2) besteht. Die Vorgänge zur Herstellung des Halogen-Scheinwerfers wurden ebenfalls im Informationssystem definiert. Sämtliche Daten über den Scheinwerfer wurden dem APS-System über eine Schnittstelle bekannt gemacht. Weiterhin sind zur vereinfachten Erfassung der Messpunkte bezüglich der Meilensteine 9-10 zwei neue Programmmodule in ABAP erstellt worden. Auch wurde die bestehende Konfiguration des Regelwerks dahingehend verändert, dass im Falle einer Verzögerung des Transportes die verantwortlichen Mitarbeiter in Form einer Email darüber in Kenntnis gesetzt werden. Die in Kapitel 4.3.5 beschriebenen Maßnahmen, die über die reine Informationsbereitstellung und –verteilung hinausgehen, wurden nicht umgesetzt.

Die Implementierung stellt den letzten Schritt des branchenunabhängigen Konzeptes dar. Die Ausführungen haben die Grundzüge des Konzeptes anhand eines modellhaften Beispiels veranschaulicht. Der folgende Abschnitt (4.4) beantwortet die Frage, welchen Nutzen der Einsatz des SCEM für die Light AG und die Stern AG hat.

4.4 Nutzen

Es lassen sich vier wesentliche Nutzeneffekte für die Einführung des SCEM bei der Light AG und der Stern AG feststellen.

Das SCEM erhöht die Transparenz des JiS-Prozesses zum Einbau der Halogen-Scheinwerfer bei der Stern AG. Der Event Manager stellt eine unternehmensübergreifende Kommunikationsplattform für die Light AG, den Logistikdienstleister und die Stern AG zur Verfügung. Über diese Plattform sind jederzeit Informationen zum JiS-Prozess abrufbar und können in Echtzeit ohne Medienbrüche zwischen den drei Organisationen ausgetauscht werden.

Das SCEM schließt die Lücke zwischen SCP und SCE. Das APS-System plant auf der Basis des LAB und des FAB. Die Ergebnisse dieser Planung gehen in die Soll-Werte des Event-Handlers ein. Sie werden im Verlauf des Prozesses ständig vom Event Manager kontrolliert und mit den Ist-Werten verglichen. Sobald bestimmte Toleranzzonen unter- oder überschritten sind, werden Maßnahmen eingeleitet. Die Planung und die Ausführung werden über das SCEM zusammengeführt.

Das SCEM stärkt die kollaborative Zusammenarbeit zwischen der Light AG und der Stern AG. Zum einen haben beide Unternehmen während der Durchführung des branchenunabhängigen Konzeptes eng zusammengearbeitet. Die persönlichen Kontakte und Verbindungen wurden dadurch gestärkt. Desweiteren wurde das beiderseitige Verständnis über den JiS-Prozess in zahlreichen Diskussionen verbessert. Das Vertrauen in den reibungslosen Ablauf des Prozesses zur Herstellung der Halogen-Scheinwerfer wurde gestärkt. Ein fehlerfreier Verlauf ist gerade bei produktionssynchroner Anlieferung für den Erfolg entscheidend. Wenn vermehrt Verzögerungen im Prozess auftreten und die Light AG die vereinbarten Lieferzeiten nicht einhält, belastet dies das Verhältnis zwischen beiden Unternehmen und kann letztlich zur Aufkündigung der Zusammenarbeit führen. SCEM leistet einen wichtigen Beitrag, um dies zu verhindern.

Das SCEM reduziert die Informationsflut der Mitarbeiter und entlastet sie in ihrer täglichen Arbeit. Der Leiter der Produktion und des Lagers erhalten nur dann Informationen über die Vorgänge in der Produktion, wenn signifikante Störungen im Prozessverlauf auftreten – im Falle eines Maschinenausfalls beispielsweise. Sie werden gezielt und zeitnah informiert. Die Mitarbeiter haben somit mehr Zeit zur Lösung nicht-alltäglicher Aufgaben. Sie können ihre volle Aufmerksamkeit den kritischen Ereignissen widmen.

Die Darstellung der Nutzeneffekte für die beiden Unternehmen des Anwendungsfalles bildet gleichzeitig den Abschluss des vierten Kapitels. In diesem Kapitel 4 wird die Vorgehensweise zum Einsatz des SCEM unter den spezifischen Bedingungen der Automobilindustrie in Deutschland vorgestellt und anhand eines fiktiven Szenarios angewendet. Es zeigt, wie das branchenunabhängige Konzept auf die spezifischen Gegebenheiten und Bedingungen der Automobilbranche anzuwenden ist. Die Reduzierung der Fertigungstiefen bei den Automobilherstellern ist Ausdruck der zunehmend intensiveren Zusammenarbeit zwischen Herstellern und ihren Zulieferern. Dieser Aspekt der engen Verbindung ist elementarer Bestandteil des Kapitels und findet sich besonders im Konzept des JiT wieder. Abschließend enden die Ausführungen des Buches mit der Schlussbetrachtung im folgenden Kapitel 5.

5 Schlussbetrachtung

Die Schlussbetrachtung fasst die gewonnen Erkenntnisse zusammen, beurteilt sie und gibt einen Ausblick für die weitere Entwicklung des SCEM.

Das Konzept des SCEM hat neben zahlreichen Vorteilen, die in den vorherigen Kapiteln dargestellt und ausgeführt sind, ebenso kritisch zu beurteilende Eigenschaften. Das Informationssystem des SCEM ist zentral organisiert. Alle Informationen müssen daher zwangsläufig an einem Punkt zusammengeführt werden. Die Funktionsfähigkeit des SCEM ist daher vollständig außer Kraft gesetzt, wenn der zentrale Server des Event Managements ausfällt. Weiterhin lassen sich in der zentralen Organisation in Bezug auf die Geschwindigkeit und Leistungsfähigkeit des Informationssystems Defizite feststellen. Bei einer Supply Chain mit vielen Organisationseinheiten und Millionen von logistischen Einheiten, die erfasst werden müssen, stößt der Server des Event Managements an die Grenze seiner Verarbeitungskapazität. Ein weiterer negativer Aspekt, der aus der Zentralität des SCEM hervorgeht, ist die Erforderlichkeit des Zusammenführens unternehmenssensitiver Daten an einer Stelle und des Austausches dieser Informationen unter den Supply Chain Partnern. Die betroffenen Unternehmen werden diesem Aspekt mit Vorsicht gegenüberstehen. Es lassen sich jedoch zwei Maßnahmen nennen, die diese Bedenken aufzulösen versuchen. Zum einen kann der Kreis der Mitarbeiter, die Zugriff auf die unternehmenssensitiven Daten erhalten, über eine restriktive Benutzerrechteverwaltung klein gehalten werden. Zum anderen fördert die kollaborative Zusammenarbeit das Vertrauen der verschiedenen Organisationseinheiten zueinander und lässt die Bedenken verschwinden.

Auch sind die Kosten für die Einführung des SCEM in einer Supply Chain nicht zu unterschätzen. Die Einführung des SCEM wird in diesem Buch am Beispiel lediglich zweier Unternehmen und eines Endproduktes auf der Grundlage des branchenunabhängigen Konzeptes geschildert. Doch auch schon diese relativ geringe Anzahl an teilnehmenden Organisationen und zu betrachtenden Gütern macht deutlich, dass die Durchführung der vier Schritte des Konzeptes eine enge Absprache zwischen den beteiligten Unternehmen erfordert und viel Zeit für eine erfolgreiche Planung und Umsetzung verwendet werden muss. Es macht einen hohen Organisationsaufwand notwendig, um die richtigen Mitarbeiter – aus allen Hierarchieebenen der beteiligten Unternehmen – in eine Projektgruppe zu bringen. Zudem treten weitere Kosten für die Schulung der Mitarbeiter auf. Auch kann die Einführung des SCEM die Implementierung moderner Identifikationstechnologien, wie RFID, zur besseren Ausschöpfung des Potentials des SCEM erforderlich machen. Dies verursacht weitere Kosten. Diesen kritischen Punkten steht eine Reihe von Vorteilen gegenüber, die im Folgenden zusammenfassend aufgeführt werden.

Das SCEM hat seine wissenschaftliche Grundlage in den Konzepten des MbE und der ereignisorientierten Planung. Es lassen sich insbesondere die Elemente des MbE im SCEM wiederfinden. Ausgehend von der Idee des MbE, der Erhöhung der zeitlichen Verfügbarkeit der Führungskraft für kritische Ereignisse, entwickelt das SCEM seine größte Leistung: Reduzierung der Informationsflut auf ein Maß, das der einzelne Mitarbeiter verarbeiten kann. Das SCEM ist ein Filter, der die Essenz der Informationen durchlässt. Der Filter lässt nur die kritischen Informationen zu Ereignissen in der Supply Chain durch. Zudem werden sie zielgerichtet nur an bestimmte Mitarbeiter gesendet und der Inhalt auf das Wesentliche reduziert.

Ein weiterer Vorteil des SCEM liegt in Schließung der Lücke zwischen SCP und SCE. Es findet ein ständiger Abgleich zwischen den geplanten und den tatsächlichen Werten statt, sodass Reaktionen auf Ereignisse sofort durchgeführt und weitere negative Folgen verhindert werden können. Der Mitarbeiter wird proaktiv über Ereignisse informiert. Somit muss er sich nicht ständig die Informationen selbständig aus dem Informationssystem holen. Die engere Verknüpfung von SCP und SCE hat einen weiteren Vorteil. Die Entscheidungen werden auf einer gesicherten Datenbasis getroffen und haben somit eine höhere Qualität. Die Qualität der Datenbasis ist besonders hoch, wenn das SCEM zusammen mit einer modernen Identifikationstechnologie, wie RFID, eingesetzt wird.

Nicht zuletzt erhöht das SCEM die Transparenz der Material- und Informationsflüsse entlang der Supply Chain. Es schafft eine unternehmensübergreifende Kommunikationsplattform über heterogene Systemlandschaften hinweg. Die Unternehmen behalten so auch bei komplexen, aus vielen Mitgliedern bestehenden Wertschöpfungsketten den Überblick über die Prozesse und können fortlaufend Informationen über die sie abrufen. Auch kann das Management eines Unternehmens Analysen zur Leistungsfähigkeit bereits abgeschlossener Prozesse über das DW durchführen. Weiterhin entwickeln die teilnehmenden Unternehmen ein besseres Verständnis für die Prozesse ihrer Partner. Dies fördert wiederum die kollaborative Zusammenarbeit der Supply Chain Mitglieder und lässt sie enger zusammenwachsen.

Mit Blick auf den zukünftigen Einsatz des SCEM ist zu erwarten, dass ein solches Konzept zunehmende Verbreitung bei den Unternehmen erfahren wird, die ihre Prozesse und Aktivitäten bereits nach den Konzepten des SCM ausgerichtet haben. Die Unternehmen haben erkannt, dass Information einen kritischen Erfolgsfaktor darstellt und einen wichtigen Beitrag zum Unternehmenserfolg leistet. Die Unternehmen sind gezwungen auf die erhöhten Anforderungen der Informationsverarbeitung und –bewältigung zu reagieren. Der Einsatz des SCEM bietet sich dabei an. Das SCEM wird für die Unternehmen noch interessanter werden, wenn die Entscheidungsunterstützungsfunktion und die automatisierte Reaktion des Systems auf Ereignisse in den nächsten Jahren weiterentwickelt sind. Die weitere Verbreitung der modernen Identifikationstechnologie RFID wird gleichzeitig auch dem SCEM zum Durchbruch verhelfen. RFID versorgt das SCEM mit Daten in Echtzeit und schafft die Voraussetzung für die Umsetzung der Idee der zeitnahen Reaktion auf ein Ereignis.

Das Buch beginnt mit einem Zitat von Heinisch (2002): „Inmitten der Informationsflut herrscht Informationsmangel". Es soll enden mit der Feststellung: Das SCEM kann die Informationsflut selbst nicht verhindern und aufhalten, aber den Umgang mit der Informationsflut effizienter und zielgerichteter gestalten.

Literaturverzeichnis

AMR Research: AMR Research Releases New Report Examining the Advantages of RFID Technology, 2002, http://www.amrresearch.com/Content/viewpress.asp?id=15184&docid=995 (04.02.2004).

AMR Research: Transformational or Merely Revolutionary?, 2003, http://www.amrresearch.com/content/view.asp?pmillid=15693&docid=9775 (04.02.2004).

Becker, J., Kugeler u.a.: Prozessmanagement – Ein Leitfaden zur prozessorientierten Organisationsgestaltung, 2. Aufl., Springer-Verlag, Berlin, Heidelberg, New York u.a., 2000.

Beckmann, H. (Hrsg.): Supply Chain Management – Strategien und Entwicklungstendenzen in Spitzenunternehmen, 1. Aufl., Springer-Verlag, Berlin, Heidelberg u.a., 2004.

Bittel, L.R. und Maynard H.B.: Management by exception: Systematizing and simplifying the managerial job, McGraw-Hill, New York, 1964.

Bowersox, D.J., Closs, D.J. und Stank T.P.: How to master cross-enterprise collaboration; in: Supply Chain Management Review, (04)2003, S.18-27.

Bretzke, W.-R., Stölzle W. u.a.: Vom Tracking and Tracing zum Supply Chain Event Management - aktueller Stand und Trends, KPMG, 2002.

Bruner, C.: Thinking collaboratively - Ten questions and answers to help policy makers improve children's services, 1991, http://www.ncrel.org/sdrs/areas/issues/envrnmnt/drugfree/sa1lk26.htm (03.02.2004).

Busch, A., Dangelmaier, W. u.a.: Marktspiegel Supply Chain Management Systeme – Potenziale, Konzepte, Anbieter im Vergleich, 1. Aufl., Gabler-Verlag, Wiesbaden, 2003.

Corsten, H.: Lexikon der Betriebswirtschaftslehre, 4. Aufl., Oldenbourg-Verlag, München, Wien, 2000.

Corsten, H. und Gössinger, R.: Einführung in das Supply Chain Management, Oldenbourg-Verlag, München u.a., 2001.

Dangelmaier, W. (Hrsg.), Busch A. u.a.: Marktstudie – Standardsoftware zum Collaborative Supply Chain Management, Fraunhofer-Anwendungszentrum für Logistikorientierte Betriebswirtschaft u.a., Paderborn, 2002.

Diez, W. und Brachat, H.: Grundlagen der Automobilwirtschaft, 3. Aufl., Auto Business Verlag, Ottobrunn, 2001.

Eversheim, W. und Schuh, G.: Produktion und Management 4 – Betrieb von Produktionssystemen, Springer-Verlag, Berlin, Heidelberg, New York u.a., 1999.

Fabbe-Costes, N.: Tracking and Tracing - status in the logistics management and strategic stakes for companies; in: World transport research – proceedings of 8th World Conference on Transport Research, Pergamon-Verlag, Amsterdam u.a., 1999, S. 651-664.

Fank, M.: Einführung in das Informationsmanagement – Grundlagen, Methoden, Konzepte, 1. Aufl., Oldenbourg-Verlag, München, 1996.

Finkenzeller, K.: RFID-Handbuch – Grundlagen und praktische Anwendungen induktiver Funkanlagen, Transponder und kontaktloser Chipkarten, 3. Aufl., Hanser-Verlag, München u.a., 2002.

Foitzik, B.: Lager - Ein Lager senkt Bestände; in: Automobil Industrie, (03)2003, S. 46ff.

Gabler-Verlag: Gabler Wirtschaftslexikon (K-R), 15. Aufl., Gabler-Verlag, Wiesbaden, 2000.

Hahn, D. und Hungenberg, H.: PuK – Planung und Kontrolle, Planungs- und Kontrollsysteme, Planungs- und Kontrollrechnung, 6. Aufl., Gabler-Verlag, Wiesbaden, 2001.

Hammer, M.: The Superefficient Company; in: Harvard Business Review, (08)2001, S. 82-91.

Hammer M., Champy J.: Business Reengineering – Die Radikalkur für das Unternehmen, 6. Aufl., Campus-Verlag, Frankfurt/Main, New York, 1996.

Hansmann, K.-W.: Industrielles Management, 7. Aufl., Oldenbourg-Verlag, München, Wien, 2001.

Hax, H. und Laux, H.: Flexible Planung – Verfahrensregeln und Entscheidungsmodelle für die Planung bei Ungewissheit; in: Schmalenbachs Zeitschrift für betriebswirtschaftliche Forschung, (05)1972, S. 318-340.

Heinisch, C.: Inmitten der Informationsflut herrscht Informationsmangel – Über das Paradoxon der Wissensgesellschaft und seine Bewältigung; in: ABI-Technik 22, 2002, S. 340–349.

Heinrich, L.J. und Roithmayr, F.: Wirtschaftsinformatik-Lexikon, 6. Aufl., Oldenbourg-Verlag, München, 1998.

Karrer, M.: Supply Chain Event Management – Impulse zur ereignisorientierten Steuerung von Supply Chains; in: Dangelmaier, W. (Hrsg.): Innovationen im E-Business – die 5. Paderborner Frühjahrstagung des Fraunhofer-Anwendungszentrums für Logistikorientierte Betriebswirtschaft, ALB-HNI-Verlagsschriftenreihe Innovative Produktion und Logistik (Band 10), Paderborn, 2003, S. 187-198.

Kazmeier, E.: Ablaufplanung im Dialog - Alternative oder Ergänzung zur Optimierung; in: Steckhan, H. u.a. (Hrsg.): Operations Research Proceedings, Vorträge der 12. DGOR-Jahrestagung 1983, Springer-Verlag, Berlin, Heidelberg u.a., 1984, S. 163-168.

Kern, W., Schröder, H.-H., Weber, J.: Handwörterbuch der Produktionswirtschaft, 2. Aufl., Schäffer-Poeschel-Verlag, Stuttgart, 1996.

Kieser, A. und Walgenbach, P.: Organisation, 4. Aufl., Schäffer-Poeschl Verlag, Stuttgart, 2003.

Klaus, P. und Krieger W.: Gabler Lexikon Logistik – Management logistischer Netzwerke und Flüsse, 2. Aufl., Gabler-Verlag, Wiesbaden, 2000.

Königer, P. und Reithmayer, W.: Management unstrukturierter Informationen – Wie Unternehmen die Informationsflut beherrschen können, 1. Aufl., Campus-Verlag, Frankfurt/Main, New York, 1998.

Koreimann, D.S.: Management, 7. Aufl., Oldenbourg-Verlag, München u.a., 1999.

Lawrence, O., Hildebrand, K. u.a.: Supply Chain Management - Konzepte, Erfahrungsberichte und Strategien auf dem Weg zu digitalen Wertschöpfungsnetzen, 2. Aufl., Vieweg-Verlag, Braunschweig u.a., 2001.

Lee, H.L.: Creating Value through Supply Chain Integration; in: Supply Chain Management Review, (04)2000, S. 30-36.

Lee, H.L. und Ng, S.M.: Preface to global supply chain and technology management; in: Lee, H.L. und Ng, S.M. (Hrsg.): Global supply chain and technology management - POMS , 1. Aufl., Miami, Florida, 1998, S. 1-3.

Lyman, P. und Varian, H.R.: How much Information? 2003, 2003, http://www.sims.berkeley.edu/research/projects/how-much-info-2003/ printable_report.pdf (02.02.2004).

McClellan, M.: Collaborative Manufacturing – Using Real-Time Information to Support the Supply Chain, 1. Aufl., St. Lucie Press, Boca Raton u.a. , 2003.

METRO Group: METRO Group startet die unternehmensweite Einführung von RFID, 2004, http://www.future-store.org/servlet/PB/show/1002082/04-01-09_Pressemeldung_dt.pdf (20.02.2004).

Nissen, V.(a): Supply Chain Event Management; in: Wirtschaftsinformatik, (05)2002, S. 477-480.

Nissen, V.(b): Supply Chain Event Management als Beispiel für E-Business in der Logistik; in: Gabriel, R. und Biethahn, J. (Hrsg.): Electronic Business – theoretische Aspekte und Anwendungen in der betrieblichen Praxis, Physica-Verlag, Heidelberg, 2002, S. 429-445.

o.V.(a): Koordinierung mit mySAP Supply Chain Management, 2002, http://www.sap.com/germany/community/events/11-07-2002_scm/pdf/Koordinierung_mit_mySAP_SCM.pdf (03.02.2004).

o.V.(b): Merriam-Webster Online, http://www.webster.com/cgi-bin/dictionary?book=Dictionary&va=proactive (04.02.2004).

o.V.(c): radio frequency – a searchNetworking definition, http://searchnetworking.techtarget.com/sDefinition/0,,sid7_gci214263,00.html (04.02.2004).

Otto, A.: Supply Chain Event Management, 2001, http://service.sap.com/scm (13.12.2003).

Pfohl, H-C. und Stölze W.: Planung und Kontrolle – Konzeption, Gestaltung, Implementierung, 2. Aufl., Vahlen-Verlag, München, 1997.

Salkowski, M.: Rhenus Logistics betreibt für DaimlerChrysler ein externes Lieferantenlager – Lieferfrist 30 Minuten; in: FM - Das Logistik Magazin, (10)2002, S. 66-68.

SAP (a): SAP Cross-Industry Solutions – SAP Event Management 1.1 (German), 2003, http://help.sap.com (19.02.2004).

SAP (b): SAP Service Market Place – mySAP Supply Chain Management, 2003, http://service.sap.com/scm (19.02.2004).

SAP (c): SAP Service Market Place – mySAP Supply Chain Management, 2001, http://service.sap.com/scm (19.02.2004).

SAP (d): SAP Help Portal – SAP for Industries (Automotive), 2002, http://help.sap.com (27.03.2004).

Scheer, A.-W.: EDV-orientierte Betriebswirtschaftslehre – Grundlagen für ein effizientes Informationsmanagement, 4. Aufl., Springer-Verlag, Berlin u.a., 1990.

Schulte, C.: Lexikon der Logistik, 1. Aufl., Oldenbourg-Verlag, München, 1999.

Schulte, G.: Material- und Logistikmanagement, 1. Aufl., Oldenbourg-Verlag, München, 1996.

Stadtler, H. und Kilger, C.: Supply Chain Management and Advanced Planning - Concepts, Models, Software and Case Studies, 2. Aufl., Springer-Verlag, Berlin, Heidelberg, 2002.

Stefansson, G. und Tilanus, B.: Tracking and tracing – principles and practice; in: International Journal of Technology Management, (3/4)2000, S. 252-271.

Steven, M. und Krüger, R.: Supply Chain Event Management für globale Logistikprozesse – Charakteristika, konzeptionelle Bestandteile und deren Umsetzung in Informationssysteme; in: Spengler, T., Voß, S. und Kopfer, H. (Hrsg.): Logistik Management, Physica-Verlag, Heidelberg, 2004, S. 179-195.

Ulrich, P. und Fluri, E.: Management – eine konzentrierte Einführung, 7. Aufl., Haupt-Verlag, Bern u.a., 1995.

VDA (a): Auto – Jahresbericht 2003, 2003, http://www.vda.de/de/service/jahresbericht/files/vda_2003.pdf (20.02.2004).

VDA (b): Gemeinsam zum Erfolg – Grundsätze zur Partnerschaft zwischen den Automobilherstellern und ihren Zulieferern, 2001, http://www.vda.de/de/vda/intern/organisation/abteilungen/downloads/Gemeinsam_z_E rfolg.pdf (22.02.2004).

Wieser, O. und Lauterbach, B.: Supply Chain Event Management mit mySAP SCM (Supply Chain Management); in: HMD – Praxis der Wirtschaftsinformatik, (03) 2001, S. 65-71.

Wildemann, H.: Das Just-in-Time-Konzept – Produktion und Zulieferung auf Abruf, 4. Aufl., TCW Transfer-Centrum GmbH-Verlag, München, 1995.

Wolters, H., Landmann, R. u.a.: Die Zukunft der Automobilindustrie – Herausforderungen und Lösungsansätze für das 21. Jahrhundert, 1. Aufl., Gabler-Verlag, 1999.

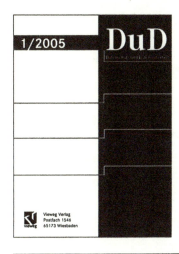

GPSR Compliance
The European Union's (EU) General Product Safety Regulation (GPSR) is a set
of rules that requires consumer products to be safe and our obligations to
ensure this.

If you have any concerns about our products, you can contact us on

ProductSafety@springernature.com

In case Publisher is established outside the EU, the EU authorized
representative is:

Springer Nature Customer Service Center GmbH
Europaplatz 3
69115 Heidelberg, Germany

www.ingramcontent.com/pod-product-compliance
Lightning Source LLC
Chambersburg PA
CBHW051255050326
40689CB00007B/1204